Kookiraamat 2023

Maitsevad ja ilusad koogid igaks puhuks

Tatjana Põder

Sisukord

Kaera-rosina küpsised

Teeb 20

175 g/6 untsi/¾ tassi tavalist jahu (universaalne)

150 g/5 untsi/1¼ tassi kaerahelbeid

5 ml/1 tl ingveripulbrit

2,5 ml/½ tl küpsetuspulbrit

2,5 ml/½ tl bikarbonaati (söögisoodat)

100 g/4 untsi/½ tassi pehmet pruuni suhkrut

50 g/2 untsi/1/3 tassi rosinaid

1 muna, kergelt lahtiklopitud

150 ml / ¼ pt / 2/3 tassi õli

60 ml / 4 supilusikatäit piima

Sega kuivained, sega hulka rosinad ja tee keskele süvend. Lisa muna, õli ja piim ning sega pehmeks tainaks. Tõsta lusikatäied segu määrimata ahjuplaadile (küpsised) ja suru kahvliga veidi lapikuks. Küpseta eelkuumutatud ahjus 200°C/400°F/gaasimärgis 6 10 minutit kuni kuldpruunini.

Maitsestatud kaerahelbeküpsised

Teeb 30

100 g/4 untsi/½ tassi võid või margariini, pehmendatud

100 g/4 untsi/½ tassi pehmet pruuni suhkrut

100 g/4 untsi/½ tassi (ülipeent) suhkrut

1 muna

2,5 ml/½ tl vaniljeessentsi (ekstrakt)

100 g / 4 untsi / 1 tass tavalist jahu (universaalne)

2,5 ml/½ tl bikarbonaati (söögisoodat)

Näputäis soola

5 ml/1 tl jahvatatud kaneeli

Näputäis riivitud muskaatpähklit

100 g/4 untsi/1 tass valtsitud kaerahelbeid

50 g/2 untsi/½ tassi hakitud segatud pähkleid

50 g/2 untsi/½ tassi šokolaaditükke

Vahusta või või margariin ja suhkrud heledaks ja kohevaks vahuks. Vahusta vähehaaval juurde muna ja vaniljeessents. Sega jahu, soodavesinikkarbonaat, sool ja maitseained omavahel ning lisa segule. Sega juurde kaerahelbed, pähklid ja šokolaaditükid. Tõsta ümmargused teelusikakesed võiga määritud küpsetusplaadile (küpsised) ja küpseta küpsiseid (küpsised) eelkuumutatud ahjus temperatuuril 180°C/350°F/gaasmärk 4 10 minutit, kuni need on kergelt pruunid.

Täistera kaeraküpsised

Teeb 24

100 g/4 untsi/½ tassi võid või margariini

200 g/7 untsi/1¾ tassi kaerahelbeid

75 g/3 untsi/¾ tassi täisteranisujahu

50 g/2 untsi/½ tassi tavalist jahu (üldotstarbeline)

5 ml/1 tl küpsetuspulbrit

50 g/2 untsi/¼ tassi demerara suhkrut

1 muna, kergelt lahtiklopitud

30 ml/2 spl piima

Hõõru võid või margariini kaerahelveste, jahu ja küpsetuspulbri hulka, kuni segu meenutab riivsaia. Sega juurde suhkur ning sega hulka muna ja piim, et moodustuks tihke tainas. Rulli tainas kergelt jahusel pinnal umbes 1 cm paksuseks ja lõika 5 cm lõikuriga ringid välja. Asetage küpsised (küpsised) võiga määritud küpsetusplaadile (küpsised) ja küpsetage eelkuumutatud ahjus temperatuuril 190°C/375°F/gaasimärk 5 umbes 15 minutit, kuni need on kuldpruunid.

Oranžid küpsised

Teeb 24

100 g/4 untsi/½ tassi võid või margariini, pehmendatud

50 g/2 untsi/¼ tassi (ülipeent) suhkrut

1 apelsini riivitud koor

150 g/5 untsi/1¼ tassi isekerkivat jahu

Vahusta või või margariin ja suhkur heledaks ja kohevaks vahuks. Töötle sisse apelsinikoor, seejärel sega jahu, kuni see on jäik. Vormige suured kreeka pähkli suurused pallid ja asetage need hästi üksteisest võiga määritud ahjuplaadile (küpsised), seejärel suruge need kergelt kahvliga lamedamaks. Küpseta küpsiseid (küpsiseid) eelkuumutatud ahjus temperatuuril 180°C/350°F/gaasimärk 4 15 minutit, kuni need on kuldpruunid.

Apelsini ja sidruni küpsised

Teeb 30

50 g/2 untsi/¼ tassi võid või margariini, pehmendatud

75 g/3 untsi/1/3 tassi tuhksuhkrut (ülipeent).

1 munakollane

½ apelsini riivitud koor

15 ml/1 spl sidrunimahla

150 g/5 untsi/1¼ tassi tavalist jahu (üldotstarbeline)

2,5 ml/½ tl küpsetuspulbrit

Näputäis soola

Vahusta või või margariin ja suhkur heledaks ja kohevaks vahuks. Sega vähehaaval hulka munakollane, apelsinikoor ja sidrunimahl, seejärel sega ühtlaseks tainaks jahu, küpsetuspulber ja sool. Mähi ja kilesse (kilekile) ning lase 30 minutit jahtuda.

Rulli kergelt jahusel tööpinnal umbes 5 mm paksuseks ja lõika vormid keeksivormiga välja. Asetage küpsised määritud küpsetusplaadile ja küpsetage eelkuumutatud ahjus temperatuuril 190°C/375°F/gaasimärgis 5 10 minutit.

Apelsini- ja pähkliküpsised

Teeb 16

100 g/4 untsi/½ tassi võid või margariini

75 g/3 untsi/1/3 tassi tuhksuhkrut (ülipeent).

½ apelsini riivitud koor

150 g/5 untsi/1¼ tassi isekerkivat jahu

50 g/2 untsi/½ tassi kreeka pähkleid, jahvatatud

Vahusta või või margariin 50 g suhkru ja apelsinikoorega ühtlaseks ja kreemjaks vahuks. Lisa jahu ja pähklid ning klopi uuesti, kuni segu hakkab kokku tulema. Vormi pallid ja laota need määritud ahjuplaadile (küpsised). Küpseta küpsiseid (küpsiseid) eelkuumutatud ahjus temperatuuril 190°C/375°F/gaasimärk 5 10 minutit, kuni servad on pruunistunud. Puista üle reserveeritud suhkruga ja lase veidi jahtuda, enne kui tõstad restile jahtuma.

Apelsini ja šokolaadi küpsised

Teeb 30

50 g/2 untsi/¼ tassi võid või margariini, pehmendatud

75 g/3 untsi/1/3 tassi seapekk (lühenemine)

175 g/6 untsi/¾ tassi pehmet pruuni suhkrut

100 g/7 untsi/1¾ tassi täistera (täistera)jahu

75 g/3 untsi/¾ tassi jahvatatud mandleid

10 ml/2 tl küpsetuspulbrit

75 g/3 untsi/¾ tassi šokolaaditilku

2 apelsini riivitud koor

15 ml/1 spl apelsinimahla

1 muna

Piserdamiseks tuhksuhkur (ülipeen).

Vahusta või või margariin, seapekk ja fariinsuhkur kohevaks ja kohevaks vahuks. Lisa ülejäänud ained peale tuhksuhkru ja sega tainaks. Rulli jahusel tööpinnal 5 mm paksuseks ja lõika biskviidilõikuriga välja küpsised. Laota võiga määritud küpsetusplaadile (küpsised) ja küpseta eelkuumutatud ahjus 180°C/350°F/gaasmärk 4 20 minutit, kuni need on kuldpruunid.

Maitsestatud apelsiniküpsised

Teeb 10

225 g/8 untsi/2 tassi tavalist jahu (universaalne)

2,5 ml/½ tl jahvatatud kaneeli

Näputäis segatud (õunakook) ürte

75 g/3 untsi/1/3 tassi tuhksuhkrut (ülipeent).

150 g võid või margariini, pehmendatud

2 munakollast

1 apelsini riivitud koor

75 g/3 untsi/¾ tassi tumedat (poolmagusat) šokolaadi

Sega jahu ja maitseained omavahel ning sega hulka suhkur. Klopi sisse või või margariin, munakollased ja apelsinikoor ning sega ühtlaseks massiks. Mähi toidukilesse (kile) ja lase 1 tund jahtuda. Tõsta tainas lusikaga rasvaga määritud ahjuplaadile (küpsised) suure tähekujulise otsikuga (otsa) varustatud torukotti ja torude pikkused. Küpseta eelkuumutatud ahjus 190°C/375°F/gaasimärk 5 10 minutit kuni kuldpruunini. Lase jahtuda.

Sulata šokolaad kuumakindlas kausis tasakesi keeva veega pannil. Kasta küpsiste otsad sulašokolaadi sisse ja lase neil küpsetuspaberile taheneda.

MAAPÄHKLI küpsised

Teeb 18

100 g/4 untsi/½ tassi võid või margariini, pehmendatud

100 g/4 untsi/½ tassi (ülipeent) suhkrut

100 g krõmpsuvat või siledat maapähklivõid

60 ml/4 spl kuldset (kerge maisi) siirupit

15 ml/1 spl piima

175 g/6 untsi/1½ tassi universaalset jahu

2,5 ml/½ tl bikarbonaati (söögisoodat)

Vahusta või või margariin ja suhkur heledaks ja kohevaks vahuks. Sega hulka maapähklivõi, seejärel siirup ja piim. Sega omavahel jahu ja soodavesinikkarbonaat ning sega segusse, seejärel sõtku ühtlaseks. Vormi palk ja lase jahtuda, kuni see on tahke.

Lõika 5 mm paksusteks viiludeks ja laota kergelt võiga määritud ahjuplaadile (küpsised). Küpseta küpsiseid (küpsiseid) eelkuumutatud ahjus temperatuuril 180°C/350°F/gaasimärk 4 12 minutit, kuni need on kuldpruunid.

Maapähklivõi ja šokolaadi keerised

Teeb 24

50 g/2 untsi/¼ tassi võid või margariini, pehmendatud

50 g/2 untsi/¼ tassi pehmet pruuni suhkrut

50 g/2 untsi/¼ tassi (ülipeent) suhkrut

50 g/2 untsi/¼ tassi siledat maapähklivõid

1 munakollane

75 g/3 untsi/¾ tassi tavalist jahu (universaalne)

2,5 ml/½ tl bikarbonaati (söögisoodat)

50 g/2 untsi/½ tassi tumedat (poolmagusat) šokolaadi

Vahusta või või margariin ja suhkrud heledaks ja kohevaks vahuks. Sega vähehaaval hulka maapähklivõi ja seejärel munakollane. Sega omavahel jahu ja soodavesinikkarbonaat ning klopi segusse tugevaks tainaks. Vahepeal sulatage šokolaad kuumakindlas kausis, mis asetatakse õrnalt keeva vee panni kohale. Rulli tainas 30 x 46 cm/12 x 18 sisse ja pintselda peaaegu servadeni sulašokolaadiga üle. Rulli pikemast küljest kokku, mässi kilesse (kile) ja lase jahtuda, kuni see taheneb.
Lõika rull 5 mm/¼ viiludeks ja aseta määrimata ahjuplaadile. Küpsetage eelkuumutatud ahjus temperatuuril 180°C/350°F/gaasitähis 4 10 minutit kuni kuldpruunini.

Kaera-maapähklivõi küpsised

Teeb 24

75 g/3 untsi/1/3 tassi võid või margariini, pehmendatud

75 g/3 untsi/1/3 tassi maapähklivõid

150 g/5 untsi/2/3 tassi pehmet pruuni suhkrut

1 muna

50 g/2 untsi/½ tassi tavalist jahu (üldotstarbeline)

2,5 ml/½ tl küpsetuspulbrit

Näputäis soola

Paar tilka vaniljeessentsi (ekstrakt)

75 g/3 untsi/¾ tassi kaerahelbeid

40 g/1½ untsi/1/3 tassi šokolaaditükke

Vahusta või või margariin, maapähklivõi ja suhkur heledaks ja kohevaks vahuks. Klopi järk-järgult sisse muna. Sega hulka jahu, küpsetuspulber ja sool. Sega hulka vaniljeessents, kaerahelbed ja šokolaaditükid. Tõsta lusikatäied võiga määritud ahjuplaadile (küpsised) ja küpseta küpsiseid (küpsised) eelkuumutatud ahjus temperatuuril 180°C/350°F/gaasimärk 4 15 minutit.

Maapähklivõi küpsised mee ja kookosega

Teeb 24

120 ml / 4 fl untsi / ½ tassi õli

175 g/6 untsi/½ tassi selget mett

175 g/6 untsi/¾ tassi krõmpsuvat maapähklivõid

1 muna, lahtiklopitud

100 g/4 untsi/1 tass valtsitud kaerahelbeid

225 g / 8 untsi / 2 tassi täistera nisujahu

50 g/2 untsi/½ tassi kuivatatud (hakitud) kookospähklit

Sega õli, mesi, maapähklivõi ja muna omavahel ning sega hulka teised ained. Tõsta lusikatäied võiga määritud ahjuplaadile (küpsised) ja lameda veidi, kuni need on umbes 6 mm paksused. Küpseta küpsiseid (küpsiseid) eelkuumutatud ahjus temperatuuril 180°C/350°F/gaasimärk 4 12 minutit, kuni need on kuldpruunid.

Pekanipähkli küpsised

Teeb 24

100 g/4 untsi/½ tassi võid või margariini, pehmendatud

45 ml/3 sl pehmet pruuni suhkrut

100 g / 4 untsi / 1 tass tavalist jahu (universaalne)

Näputäis soola

5 ml/1 tl vaniljeessentsi (ekstrakt)

100 g / 4 untsi / 1 tass pekanipähklit, peeneks hakitud

Tuhksuhkur (kondiitri)suhkur, sõelutud, tolmutamiseks

Vahusta või või margariin ja suhkur heledaks ja kohevaks vahuks. Vahusta vähehaaval juurde ülejäänud koostisosad, välja arvatud tuhksuhkur. Vormi 3 cm/1½ cm pallid ja aseta võiga määritud ahjuplaadile (küpsised). Küpseta küpsiseid (küpsiseid) eelkuumutatud ahjus temperatuuril 160°C/325°F/gaasimärk 3 15 minutit, kuni need on kuldpruunid. Serveeri tuhksuhkruga üle puistatuna.

Pinwheel küpsised

Teeb 24

175 g/6 untsi/1½ tassi universaalset jahu

5 ml/1 tl küpsetuspulbrit

Näputäis soola

75 g/3 untsi/1/3 tassi võid või margariini

75 g/3 untsi/1/3 tassi tuhksuhkrut (ülipeent).

Paar tilka vaniljeessentsi (ekstrakt)

20 ml/4 tl vett

10 ml/2 tl kakaopulbrit (magustamata šokolaad)

Sega omavahel jahu, küpsetuspulber ja sool ning hõõru või või margariiniga, kuni segu meenutab riivsaia. Sega juurde suhkur. Lisa vaniljeessents ja vesi ning sega ühtlaseks. Vormi pall, seejärel lõika pooleks. Töötle kakao taigna ühe poole sisse. Rulli iga taignatükk 25 x 18 cm/10 x 7 ristkülikuks ja aseta üksteise peale. Rulli õrnalt, et need kokku jääksid. Rulli tainas pikemast küljest kokku ja vajuta õrnalt. Mähi toidukilesse (kile) ja lase umbes 30 minutit jahtuda.

Lõika 2,5 cm paksusteks viiludeks ja aseta hästi vahedega määritud ahjuplaadile. Küpseta küpsiseid (küpsiseid) eelkuumutatud ahjus temperatuuril 180°C/350°F/gaasimärk 4 15 minutit, kuni need on kuldpruunid.

Küred petipiimaküpsised

Teeb 12

75 g/3 untsi/1/3 tassi võid või margariini

225 g/8 untsi/2 tassi tavalist jahu (universaalne)

15 ml/1 spl küpsetuspulbrit

2,5 ml / ½ tl soola

175 ml/6 fl untsi/¾ tassi petipiima

Tuhksuhkur (kondiitri-)suhkur, sõelutud, tolmutamiseks (valikuline)

Hõõru võid või margariini jahu, küpsetuspulbri ja soola hulka, kuni segu meenutab riivsaia. Lisage pett vähehaaval pehmeks tainaks. Rulli segu kergelt jahusel tööpinnal umbes 2 cm paksuseks ja lõika keeksivormiga ringid välja. Asetage küpsised määritud küpsetusplaadile ja küpsetage eelkuumutatud ahjus temperatuuril 230°C/450°F/gaasimärgis 8 10 minutit, kuni need on kuldpruunid. Puista soovi korral tuhksuhkruga.

Rosina küpsised

Teeb 24

100 g/4 untsi/½ tassi võid või margariini, pehmendatud

50 g/2 untsi/¼ tassi (ülipeent) suhkrut

1 sidruni riivitud koor

50 g/2 untsi/1/3 tassi rosinaid

150 g/5 untsi/1¼ tassi isekerkivat jahu

Vahusta või või margariin ja suhkur heledaks ja kohevaks vahuks. Töötle sisse sidrunikoor, seejärel sega hulka rosinad ja jahu kõvaks massiks. Vormige suured kreeka pähkli suurused pallid ja asetage need hästi üksteisest võiga määritud ahjuplaadile (küpsised), seejärel suruge need kergelt kahvliga lamedamaks. Küpseta küpsiseid (küpsiseid) eelkuumutatud ahjus temperatuuril 180°C/350°F/gaasimärk 4 15 minutit, kuni need on kuldpruunid.

Pehmed rosinaküpsised

Teeb 36

100 g/4 untsi/2/3 tassi rosinaid

90 ml/6 spl keevat vett

50 g/2 untsi/¼ tassi võid või margariini, pehmendatud

175 g/6 untsi/¾ tassi (ülipeent) suhkrut

1 muna, kergelt lahtiklopitud

2,5 ml/½ tl vaniljeessentsi (ekstrakt)

175 g/6 untsi/1½ tassi universaalset jahu

2,5 ml/½ tl küpsetuspulbrit

1,5 ml/¼ tl vesinikkarbonaati (söögisoodat)

2,5 ml / ½ tl soola

2,5 ml/½ tl jahvatatud kaneeli

Näputäis riivitud muskaatpähklit

50 g/2 untsi/½ tassi hakitud segatud pähkleid

Pane rosinad ja keev vesi kastrulisse, kuumuta keemiseni, kata kaanega ja hauta 3 minutit. Lase jahtuda. Vahusta või või margariin ja suhkur heledaks ja kohevaks vahuks. Vahusta vähehaaval juurde muna ja vaniljeessents. Sega sisse jahu, küpsetuspulber, sooda, sool ja maitseained, vaheldumisi rosinate ja leotusvedelikuga. Sega hulka pähklid ja sega pehmeks tainaks. Mähi toidukilesse (kile) ja lase vähemalt 1 tund jahtuda.

Asetage lusikatäied tainast võiga määritud ahjuplaadile (küpsised) ja küpsetage küpsiseid (küpsised) eelkuumutatud ahjus temperatuuril 180°C/350°F/gaasmärk 4 10 minutit, kuni need on kuldpruunid.

Rosinate ja siirupi viilud

Teeb 24

25 g/2 spl võid või margariini, pehmendatud

100 g/4 untsi/½ tassi (ülipeent) suhkrut

1 munakollane

30 ml/2 spl musta siirupit (melass)

75 g/3 untsi/½ tassi sõstraid

150 g/5 untsi/1¼ tassi tavalist jahu (üldotstarbeline)

5 ml/1 tl bikarbonaati (söögisoodat)

5 ml/1 tl jahvatatud kaneeli

Näputäis soola

30 ml/2 spl külma musta kohvi

Vahusta või või margariin ja suhkur heledaks ja kohevaks vahuks. Klopi vähehaaval juurde munakollane ja siirup, seejärel sega hulka sõstrad. Sega jahu, sooda, kaneel ja sool omavahel ning sega kohvi hulka. Kata ja jahuta segu.

Rullige 30 cm (12 tolli) ruuduks ja seejärel palgiks. Asetage võiga määritud küpsetusplaadile (küpsised) ja küpsetage eelkuumutatud ahjus temperatuuril 180 °C/350 °F/gaasimärk 4 15 minutit, kuni see on katsudes kõva. Lõika viiludeks ja lase restil jahtuda.

Ratafia küpsised

Teeb 16

100 g/4 untsi/½ tassi granuleeritud suhkrut

50 g/2 untsi/¼ tassi jahvatatud mandleid

15 ml/1 spl jahvatatud riisi

1 munavalge

25 g/1 unts/¼ tassi tükeldatud (tükeldatud) mandleid

Sega suhkur, jahvatatud mandlid ja jahvatatud riis. Klopi sisse munavalge ja jätka vahustamist veel 2 minutit. Tõsta kreeka pähkli suurused küpsised (küpsised) riisipaberiga vooderdatud ahjuplaadile (küpsised), kasutades tavalist 5 mm/¼-tollist otsikut (ots). Aseta igale küpsisele viilutatud mandel. Küpseta eelkuumutatud ahjus 190°C/375°F/gaasimärgis 5 15 minutit kuni kuldpruunini.

Riisi ja müsli küpsised

Teeb 24

75 g/3 untsi/¼ tassi keedetud pruuni riisi

50 g/2 untsi/½ tassi müslit

75 g/3 untsi/¾ tassi täisteranisujahu

2,5 ml / ½ tl soola

2,5 ml/½ tl bikarbonaati (söögisoodat)

5 ml/1 tl jahvatatud segatud (õunakoogi) vürtse

30 ml/2 spl selget mett

75 g/3 untsi/1/3 tassi võid või margariini, pehmendatud

Sega omavahel riis, müsli, jahu, sool, soodavesinikkarbonaat ja maitseained. Vahusta mesi ja või või margariin pehmeks. Klopi läbi riisisegu. Vormi segust kreeka pähkli suurused pallid ja aseta need hästi üksteisest võiga määritud küpsetusplaatidele (küpsistele). Tasandage veidi ja küpseta eelsoojendatud ahjus temperatuuril 190°C/375°F/gaasimärk 5 15 minutit või kuni kuldpruunini. Lase 10 minutit jahtuda ja tõsta siis restile jahtuma. Hoida õhukindlas anumas.

Romany Cremes

Teeb 10

25 g/1 untsi/2 supilusikatäit seapekki (lühenemine)

25 g/2 spl võid või margariini, pehmendatud

50 g/2 untsi/¼ tassi pehmet pruuni suhkrut

2,5 ml/½ tl kuldset (hele maisi) siirupit

50 g/2 untsi/½ tassi tavalist jahu (üldotstarbeline)

Näputäis soola

25 g/1 untsi/¼ tassi kaerahelbeid

2,5 ml/½ tl jahvatatud segatud (õunakoogi) vürtse

2,5 ml/½ tl bikarbonaati (söögisoodat)

10 ml/2 tl keeva veega

Või glasuur

Vahusta seapekk, või või margariin ja suhkur heledaks ja kohevaks vahuks. Vahusta siirup, seejärel lisa jahu, sool, kaer ja segatud maitseained ning sega, kuni see on hästi segunenud. Lahustage naatriumvesinikkarbonaat vees ja segage tugevaks tainaks. Vormi 20 ühesuurust väikest palli ja aseta need hästi üksteisest lahus määritud küpsetusplaatidele (küpsistele). Tasandage veidi peopesaga. Küpseta eelkuumutatud ahjus 160°C/325°F/gaasimärgis 3 15 minutit. Lase ahjuplaatidel jahtuda. Jahtunult võileivapaarid küpsiseid koos võiglasuuriga (glasuur).

liivaküpsised

Teeb 48

100 g võid või kõva margariini, pehmendatud

225 g/8 untsi/1 tass pehmet pruuni suhkrut

1 muna, kergelt lahtiklopitud

225 g/8 untsi/2 tassi tavalist jahu (universaalne)

Glasuuriks munavalged

30 ml/2 spl jahvatatud maapähkleid

Vahusta või või margariin ja suhkur heledaks ja kohevaks vahuks. Klopi sisse muna ja seejärel sega hulka jahu. Rulli kergelt jahusel tööpinnal väga õhukeseks ja lõika biskviidilõikuriga kujundid välja. Tõsta küpsised võiga määritud ahjuplaadile, pintselda pealt munavalgega ja puista üle maapähklitega. Küpsetage eelkuumutatud ahjus temperatuuril 180°C/350°F/gaasitähis 4 10 minutit kuni kuldpruunini.

Küpsised hapukoorega

Teeb 24

50 g/2 untsi/¼ tassi võid või margariini, pehmendatud

175 g/6 untsi/¾ tassi (ülipeent) suhkrut

1 muna

60 ml/4 spl hapu (piimahapu)koort

2,5 ml/½ tl vaniljeessentsi (ekstrakt)

150 g/5 untsi/1¼ tassi tavalist jahu (üldotstarbeline)

2,5 ml/½ tl küpsetuspulbrit

75 g/3 untsi/½ tassi rosinaid

Vahusta või või margariin ja suhkur heledaks ja kohevaks vahuks. Klopi vähehaaval juurde muna, koor ja vaniljeessents. Sega omavahel jahu, küpsetuspulber ja rosinad ning sega segusse, kuni need on hästi segunenud. Tõsta ümmargused teelusikatäit segu kergelt määritud küpsetusplaatidele (küpsised) ja küpseta eelkuumutatud ahjus 180°C/350°F/Gas Mark 4 juures umbes 10 minutit, kuni need on lihtsalt kuldpruunid.

Küpsised pruuni suhkruga

Teeb 24

100 g/4 untsi/½ tassi võid või margariini, pehmendatud

100 g/4 untsi/½ tassi pehmet pruuni suhkrut

1 muna, kergelt lahtiklopitud

2,5 ml/1 tl vaniljeessentsi (ekstrakt)

150 g/5 untsi/1¼ tassi tavalist jahu (üldotstarbeline)

2,5 ml/½ tl bikarbonaati (söögisoodat)

Näputäis soola

75 g/3 untsi/½ tassi sultanasid (kuldseid rosinaid)

Vahusta või või margariin ja suhkur heledaks ja kohevaks vahuks. Vahusta vähehaaval juurde muna ja vaniljeessents. Sega ülejäänud koostisosad ühtlaseks massiks. Tükelda ümmargused teelusikakesed kergelt määritud küpsiseplaadil (küpsised). Küpseta küpsiseid (küpsiseid) eelkuumutatud ahjus temperatuuril 180°C/350°F/gaasimärk 4 12 minutit, kuni need on kuldpruunid.

Suhkru ja muskaatpähkli küpsised

Teeb 24

50 g/2 untsi/¼ tassi võid või margariini, pehmendatud

100 g/4 untsi/½ tassi (ülipeent) suhkrut

1 munakollane

2,5 ml/½ tl vaniljeessentsi (ekstrakt)

150 g/5 untsi/1¼ tassi tavalist jahu (üldotstarbeline)

5 ml/1 tl küpsetuspulbrit

Näputäis riivitud muskaatpähklit

60 ml/4 spl hapu (piimahapu)koort

Vahusta või või margariin ja suhkur heledaks ja kohevaks vahuks. Klopi sisse munakollane ja vaniljeessents, seejärel sega juurde jahu, küpsetuspulber ja muskaatpähkel. Sega hulka koor ühtlaseks massiks. Kata ja lase 30 minutit jahtuda.

Rulli tainas 5 mm/2 paksuseks ja lõika küpsisevormiga 5 cm/2 suurused ringid (küpsised). Asetage küpsised määrimata küpsiseplaadile (biskviit) ja küpsetage eelkuumutatud ahjus temperatuuril 200 °C/400 °F/gaasimärk 6 10 minutit, kuni need on kuldpruunid.

Murukook

Teeb 8

150 g/5 untsi/1¼ tassi tavalist jahu (üldotstarbeline)

Näputäis soola

25 g/1 unts/¼ tassi riisijahu või jahvatatud riisi

50 g/2 untsi/¼ tassi (ülipeent) suhkrut

100 g võid või kõva margariini, jahutatud ja riivitud

Sega omavahel jahu, sool ja riisijahu või jahvatatud riis. Sega juurde suhkur ja seejärel või või margariin. Töötle segu sõrmeotstega, kuni see meenutab riivsaia. Suru 18 cm/7 võileivavormi (pannile) ja tasanda pealt. Torka kahvliga läbi ja lõika kaheksaks võrdseks kiiluks, lõigates need põhjani läbi. Tõsta 1 tunniks külmkappi.

Küpsetage eelkuumutatud ahjus temperatuuril 150 °C/300 °F/gaasimärk 2 1 tund, kuni värvus on kahvatu. Enne ümberpööramist lase neil vormis jahtuda.

Jõulupurukook

Teeb 12

175 g/6 untsi/¾ tassi võid või margariini

250 g/9 untsi/2¼ tassi tavalist jahu (universaalne)

75 g/3 untsi/1/3 tassi tuhksuhkrut (ülipeent).

Katte jaoks:

15 ml/1 spl mandleid, hakitud

15 ml/1 spl kreeka pähkleid, hakitud

30 ml/2 spl rosinaid

30 ml/2 spl glacé (suhkrustatud) kirsse, tükeldatud

1 sidruni riivitud koor

15 ml/1 spl (ülipeen) tuhksuhkrut puistamiseks

Hõõru võid või margariini jahu hulka, kuni segu meenutab riivsaia. Sega juurde suhkur. Suru segu pastaks ja sõtku ühtlaseks. Suru võiga määritud Šveitsi rullvormi (tarretisrullpann) ja tasanda pind. Sega katte ained omavahel ja suru pasta hulka. Märkige sisse 12 sõrme, seejärel küpsetage 30 minutit eelkuumutatud ahjus 180°C/350°F/gaasimärk 4. Puista peale tuhksuhkur, lõika näppudeks ja lase vormis jahtuda.

mee küpsised

Teeb 12

100 g/4 untsi/½ tassi võid või margariini, pehmendatud

75 g / 3 untsi / ¼ tassi komplekti mett

200 g/7 untsi/1¾ tassi täistera (täistera)jahu

25 g/1 unts/¼ tassi pruuni riisijahu

1 sidruni riivitud koor

Sega või või margariin ja mesi pehmeks. Sega juurde jahu ja sidrunikoor ning töötle pehmeks tainaks. Suru võiga määritud ja jahuga ülepuistatud 18cm/7cm koogivormi (vormi) või purukoogivormi ning torgi kahvliga üleni. Märgi 12 viilu ja pigista servad kokku. Tõsta 1 tunniks külmkappi.
Küpseta eelkuumutatud ahjus 150°C/300°F/gaasimärgis 2 40 minutit, kuni see on kuldpruun. Lõika märgitud tükkideks ja lase vormis jahtuda.

Sidruni purukook

Teeb 12

100 g / 4 untsi / 1 tass tavalist jahu (universaalne)

50 g/2 untsi/½ tassi maisijahu (maisijahu)

100 g/4 untsi/½ tassi võid või margariini, pehmendatud

50 g/2 untsi/¼ tassi (ülipeent) suhkrut

1 sidruni riivitud koor

Piserdamiseks tuhksuhkur (ülipeen).

Sõelu omavahel jahu ja maisijahu. Vahusta või või margariin pehmeks ja vahusta tuhksuhkur heledaks ja kohevaks. Sega juurde sidrunikoor ja klopi jahusegu hulka, kuni see on hästi segunenud. Rulli muretaigen 20 cm laiuseks ringiks ja aseta võiga määritud ahjuplaadile (küpsised). Torka kahvliga üle ja silu servad siledaks. Lõika 12 viilu ja puista üle tuhksuhkruga. Jahuta külmkapis 15 minutit. Küpsetage eelkuumutatud ahjus temperatuuril 160°C/325°F/gaasimärk 3 35 minutit, kuni see on helekuldpruun. Lase küpsetusplaadil 5 minutit jahtuda, enne kui tõstad restile jahtuma.

Purukook hakkliha

Teeb 8

175 g/6 untsi/¾ tassi võid või margariini, pehmendatud

50 g/2 untsi/¼ tassi (ülipeent) suhkrut

225 g/8 untsi/2 tassi tavalist jahu (universaalne)

60 ml/4 spl hakkliha

Vahusta või või margariin ja suhkur pehmeks. Töötle sisse jahu, seejärel hakkliha. Suru 23 cm/7 võileivavormi ja tasanda pealt. Torgake kahvliga läbi ja lõigake põhjani läbi kaheksaks kiiluks. Tõsta 1 tunniks külmkappi.

Küpsetage eelkuumutatud ahjus temperatuuril 160 °C/325 °F/gaasimärk 3 1 tund, kuni värvus on kahvatu. Enne ümberpööramist lase neil vormis jahtuda.

Pähkli küpsised

Teeb 12

100 g/4 untsi/½ tassi võid või margariini, pehmendatud

50 g/2 untsi/¼ tassi (ülipeent) suhkrut

100 g / 4 untsi / 1 tass tavalist jahu (universaalne)

50 g/2 untsi/½ tassi jahvatatud riisi

50 g/2 untsi/½ tassi mandleid, peeneks hakitud

Vahusta või või margariin ja suhkur heledaks ja kohevaks vahuks. Sega hulka jahu ja jahvatatud riis. Sega hulka pähklid ja sega tihkeks tainaks. Sõtku kergelt ühtlaseks. Vajuta võiga määritud Šveitsi rullvormi (želeerullpann) põhja ja tasanda pind. Torka kahvliga üleni. Küpsetage eelkuumutatud ahjus temperatuuril 160°C/325°F/gaasimärk 3 45 minutit, kuni see on helekuldpruun. Lase 10 minutit vormis jahtuda ja lõika siis näppudeks. Enne ümberpööramist laske purgis jahtuda.

Oranž purukook

Teeb 12

100 g / 4 untsi / 1 tass tavalist jahu (universaalne)

50 g/2 untsi/½ tassi maisijahu (maisijahu)

100 g/4 untsi/½ tassi võid või margariini, pehmendatud

50 g/2 untsi/¼ tassi (ülipeent) suhkrut

1 apelsini riivitud koor

Piserdamiseks tuhksuhkur (ülipeen).

Sõelu omavahel jahu ja maisijahu. Vahusta või või margariin pehmeks ja vahusta tuhksuhkur heledaks ja kohevaks. Sega juurde apelsinikoor ja klopi hulka jahusegu, kuni see on hästi segunenud. Rulli muretaigen 20 cm laiuseks ringiks ja aseta võiga määritud ahjuplaadile (küpsised). Torka kahvliga üle ja silu servad siledaks. Lõika 12 viilu ja puista üle tuhksuhkruga. Jahuta külmkapis 15 minutit. Küpsetage eelkuumutatud ahjus temperatuuril 160°C/325°F/gaasimärk 3 35 minutit, kuni see on helekuldpruun. Lase küpsetusplaadil 5 minutit jahtuda, enne kui tõstad restile jahtuma.

Rikasmehe purukook

Teeb 36

Aluse jaoks:

225 g/1 tass võid või margariini

275 g/10 untsi/2½ tassi tavalist jahu (üldotstarbeline)

100 g/4 untsi/½ tassi (ülipeent) suhkrut

Täidise jaoks:

225 g/1 tass võid või margariini

225 g/8 untsi/1 tass pehmet pruuni suhkrut

60 ml/4 spl kuldset (kerge maisi) siirupit

400 g/14 untsi konserveeritud kondenspiima

Paar tilka vaniljeessentsi (ekstrakt)

Katte jaoks:

225 g/8 untsi/2 tassi tumedat (poolmagusat) šokolaadi

Põhja jaoks hõõru või või margariin jahu hulka, sega juurde suhkur ja sõtku segu tihkeks tainaks. Suru fooliumiga vooderdatud võiga määritud Šveitsi rullvormi (želeerullpann) põhja. Küpsetage eelkuumutatud ahjus 180°C/350°F/gaasimärgis 4 35 minutit, kuni see on kuldpruun. Lase vormis jahtuda.

Täidise jaoks sulata kastrulis madalal kuumusel pidevalt segades või või margariin, suhkur, siirup ja kondenspiim. Kuumuta keemiseni ja keeda tasasel tulel pidevalt segades 7 minutit. Tõsta tulelt, lisa vaniljeessents ja klopi korralikult läbi. Vala põhjale ning lase jahtuda ja taheneda.

Sulata šokolaad kuumakindlas kausis tasakesi keeva veega pannil. Laota karamellikihile ja märgi kahvliga mustrid sisse. Lase jahtuda ja tarduda ning lõika ruutudeks.

Täisterakaera purukook

Teeb 10

100 g/4 untsi/½ tassi võid või margariini

150 g/5 untsi/1¼ tassi täisterajahu

25 g/1 untsi/¼ tassi kaerahelbeid

50 g/2 untsi/¼ tassi pehmet pruuni suhkrut

Hõõru võid või margariini jahu hulka, kuni segu meenutab riivsaia. Sega juurde suhkur ja töötle kergelt pehmeks muredaks tainaks. Rulli kergelt jahusel pinnal umbes 1 cm paksuseks ja lõika küpsisevormi abil 5 cm/2 ringideks. Asetage ettevaatlikult võiga määritud küpsetusplaadile (küpsised) ja küpsetage eelkuumutatud ahjus temperatuuril 150°C/300°F/gaasimärk 3 umbes 40 minutit, kuni see on kuldpruun ja kõva.

Mandli keerised

Teeb 16

175 g/6 untsi/¾ tassi võid või margariini, pehmendatud

50 g/2 untsi/1/3 tassi tuhksuhkrut (kondiitritele), sõelutud

2,5 ml/½ tl mandli essentsi (ekstrakt)

175 g/6 untsi/1½ tassi universaalset jahu

8 glaseeritud (suhkreeritud) kirsi, poolitatud või neljaks lõigatud

Tuhksuhkur (kondiitri)suhkur, sõelutud, tolmutamiseks

Vahusta või või margariin ja suhkur kreemjaks. Klopi sisse mandlisesents ja jahu. Viige segu torukotti, mis on varustatud suure tähekujulise otsikuga (otsaga). Toru 16 lamedat keerist õliga määritud küpsetusplaadile. Kõige peale tõsta kirsitükk. Küpseta eelkuumutatud ahjus 160°C/325°F/gaasimärgis 3 20 minutit, kuni see on kergelt kuldpruun. Lase ahjuplaadil 5 minutit jahtuda, seejärel tõsta restile ja puista üle tuhksuhkruga.

Šokolaadi-besee purukook

Teeb 24

100 g/4 untsi/½ tassi võid või margariini, pehmendatud

5 ml/1 tl vaniljeessentsi (ekstrakt)

4 munavalget

200 g/7 untsi/1¾ tassi tavalist jahu (üldotstarbeline)

50 g/2 untsi/¼ tassi (ülipeent) suhkrut

45 ml/3 spl kakaopulbrit (magustamata šokolaad)

100 g tuhksuhkrut (kondiitritooted), sõelutud

Vahusta või või margariin, vaniljeessents ja kaks munavalget. Sega jahu, suhkur ja kakao omavahel ning sega vähehaaval võisegusse. Suru õliga määritud 30 cm (12 tolli) kandilisse küpsetusvormi. Vahusta ülejäänud munavalged tuhksuhkruga ja jaota pealt. Küpseta eelkuumutatud ahjus 190°C/375°F/gaasimärgis 5 20 minutit kuni kuldpruunini. Lõika ribadeks.

Küpsised Inimesed

Teeb umbes 12

100 g/4 untsi/½ tassi võid või margariini, pehmendatud

100 g/4 untsi/½ tassi (ülipeent) suhkrut

1 muna, lahtiklopitud

225 g/8 untsi/2 tassi tavalist jahu (universaalne)

Mõned sõstrad ja glace (suhkrustatud) kirsid

Vahusta või või margariin ja suhkur kreemjaks. Lisa vähehaaval muna ja klopi korralikult läbi. Voldi jahu metalllusikaga sisse. Rulli segu kergelt jahusel pinnal umbes 5 mm paksuseks. Lõika inimesed küpsisevormi või noaga välja, rulli kaunistusi uuesti rulli, kuni oled kogu taigna ära kasutanud. Tõsta need võiga määritud ahjuplaadile (küpsised) ja suru sõstrad neisse silmade ja nööpide jaoks. Lõika kirsi viilud suu jaoks. Küpseta küpsiseid (küpsiseid) eelkuumutatud ahjus temperatuuril 190°C/375°F/gaasimärk 5 10 minutit, kuni need on kergelt pruunid. Lase restil jahtuda.

Jää-ingveri kook

Teeb kaks 20cm/8tollist kooki

Lühikese koogi jaoks:

225 g/1 tass võid või margariini, pehmendatud

100 g/4 untsi/½ tassi (ülipeent) suhkrut

275 g/10 untsi/2½ tassi tavalist jahu (üldotstarbeline)

10 ml/2 tl küpsetuspulbrit

10 ml/2 tl ingveripulbrit

Glasuuriks (glasuuriks):

50 g/2 untsi/¼ tassi võid või margariini

15 ml/1 spl kuldset (hele maisi) siirupit

100 g tuhksuhkrut (kondiitritooted), sõelutud

5 ml/1 tl ingveripulbrit

Purukoogi jaoks sega või või margariin ja suhkur heledaks ja kohevaks. Sega ülejäänud murekoogi koostisosad taignaks, jaga segu pooleks ja suru kahte võiga määritud 8-tollisse/20 cm leivavormi. Küpseta eelkuumutatud ahjus 160°C/325°F/gaasimärgis 3 40 minutit.

Glasuuri jaoks sulata pannil või või margariin ja siirup. Lisa tuhksuhkur ja ingver ning sega korralikult läbi. Vala mõlemale koogile ja lase jahtuda, seejärel lõika viiludeks.

Shrewsbury küpsised

Teeb 24

100 g/4 untsi/½ tassi võid või margariini, pehmendatud

100 g/4 untsi/½ tassi (ülipeent) suhkrut

1 munakollane

225 g/8 untsi/2 tassi tavalist jahu (universaalne)

5 ml/1 tl küpsetuspulbrit

5 ml/1 tl riivitud sidrunikoort

Vahusta või või margariin ja suhkur heledaks ja kohevaks vahuks. Klopi vähehaaval sisse munakollane, seejärel töötle jahu, küpsetuspulber ja sidrunikoor ning viimistle kätega, kuni segu pakseneb. Rulli 5 mm paksuseks ja lõika keeksivormiga 6 cm ringid. Aseta küpsised üksteisest hästi määritud ahjuplaadile ja torgi kahvliga läbi. Küpsetage eelkuumutatud ahjus temperatuuril 180 °C/350 °F/gaasimärk 4 15 minutit, kuni see on kergelt kuldpruun.

Hispaania maitsestatud küpsised

Teeb 16

90 ml/6 spl oliiviõli

100 g/4 untsi/½ tassi granuleeritud suhkrut

100 g / 4 untsi / 1 tass tavalist jahu (universaalne)

15 ml/1 spl küpsetuspulbrit

10 ml/2 tl jahvatatud kaneeli

3 muna

1 sidruni riivitud koor

30 ml/2 spl tuhksuhkrut (kondiitritooted), sõelutud

Kuumuta väikesel pannil õli. Sega suhkur, jahu, küpsetuspulber ja kaneel omavahel. Klopi eraldi kausis munad ja sidrunikoor vahuks. Sega kuivained ja õli ühtlaseks massiks. Valage tainas hästi määritud Šveitsi rullpannile (želeerullpann) ja küpsetage eelkuumutatud ahjus temperatuuril 180°C/350°F/gaasimärk 4 30 minutit, kuni see on kuldpruun. Keera välja, jahuta, lõika kolmnurkadeks ja puista küpsised (küpsised) üle tuhksuhkruga.

Vanaaegsed vürtsiküpsised

Teeb 24

75 g/3 untsi/1/3 tassi võid või margariini

50 g/2 untsi/¼ tassi (ülipeent) suhkrut

45 ml/3 spl musta siirupit (melass)

175 g/6 untsi/¾ tassi tavalist jahu (universaalne)

5 ml/1 tl jahvatatud kaneeli

5 ml/1 tl jahvatatud segatud (õunakoogi) vürtse

2,5 ml/½ tl ingveripulbrit

2,5 ml/½ tl bikarbonaati (söögisoodat)

Sulata või või margariin, suhkur ja siirup tasasel tulel. Sega kausis omavahel jahu, maitseained ja sooda. Valage siirupisegu hulka ja segage, kuni see on hästi segunenud. Sega pehmeks tainaks ja vormi väikesteks pallideks. Laota hästi üksteisest rasvaga määritud ahjuplaadile (küpsised) ja tasanda kahvliga. Küpsetage küpsiseid (küpsiseid) eelkuumutatud ahjus temperatuuril 180°C/350°F/gaasimärk 4 12 minutit, kuni need on kõvad ja kuldpruunid.

Siirupküpsised

Teeb 24

75 g/3 untsi/1/3 tassi võid või margariini, pehmendatud

100 g/4 untsi/½ tassi pehmet pruuni suhkrut

1 munakollane

30 ml/2 spl musta siirupit (melass)

100 g / 4 untsi / 1 tass tavalist jahu (universaalne)

5 ml/1 tl bikarbonaati (söögisoodat)

Näputäis soola

5 ml/1 tl jahvatatud kaneeli

2,5 ml/½ tl jahvatatud nelki

Vahusta või või margariin ja suhkur heledaks ja kohevaks vahuks. Klopi vähehaaval juurde munakollane ja melass. Sega jahu, soodavesinikkarbonaat, sool ja maitseained omavahel ning sega segusse. Kata ja lase jahtuda.

Veereta segust 3 cm/1½ pallid ja aseta võiga määritud ahjuplaadile (küpsised). Küpsetage küpsiseid (küpsiseid) eelkuumutatud ahjus temperatuuril 180°C/350°F/gaasimärgis 4 10 minutit, kuni need on just tahkunud.

Siirupi-, aprikoosi- ja pähkliküpsised

Teeb umbes 24

50 g/2 untsi/¼ tassi võid või margariini

50 g/2 untsi/¼ tassi (ülipeent) suhkrut

50 g/2 untsi/¼ tassi pehmet pruuni suhkrut

1 muna, kergelt lahtiklopitud

2,5 ml/½ tl bikarbonaati (söögisoodat)

30 ml/2 spl sooja vett

45 ml/3 spl musta siirupit (melass)

25 g/1 untsi söömiseks valmis kuivatatud aprikoose, tükeldatud

25 g/1 unts/¼ tassi hakitud segatud pähkleid

100 g / 4 untsi / 1 tass tavalist jahu (universaalne)

Näputäis soola

Näputäis jahvatatud nelki

Vahusta või või margariin ja suhkrud heledaks ja kohevaks vahuks. Klopi järk-järgult sisse muna. Sega vesinikkarbonaat veega ja sega koos teiste koostisosadega segusse. Tõsta lusikatäied võiga määritud küpsiseplaadile (küpsised) ja küpseta eelkuumutatud ahjus temperatuuril 180°C/350°F/gaasimärk 4 10 minutit.

Siirupi ja petipiimaküpsised

Teeb 24

50 g/2 untsi/¼ tassi võid või margariini, pehmendatud

50 g/2 untsi/¼ tassi pehmet pruuni suhkrut

150 ml/¼ pt/2/3 tassi musta siirup (melass)

150 ml / ¼ pt / 2/3 tassi petipiima

175 g/6 untsi/1½ tassi universaalset jahu

2,5 ml/½ tl bikarbonaati (söögisoodat)

Sega või või margariin ja suhkur heledaks ja kohevaks, seejärel sega hulka melassi siirup ja petipiim vaheldumisi jahu ja soodavesinikkarbonaadiga. Tõsta suured lusikatäied võiga määritud ahjuplaadile ja küpseta eelkuumutatud ahjus temperatuuril 190°C/375°F/gaasitähis 5 10 minutit.

Siirup ja kohviküpsised

Teeb 24

60 g/2½ untsi/1/3 tassi seapekki (lühenemine)

50 g/2 untsi/¼ tassi pehmet pruuni suhkrut

75 g/3 untsi/¼ tassi musta siirup (melass)

2,5 ml/½ tl vaniljeessentsi (ekstrakt)

200 g/7 untsi/1¾ tassi tavalist jahu (üldotstarbeline)

5 ml/1 tl bikarbonaati (söögisoodat)

Näputäis soola

2,5 ml/½ tl ingveripulbrit

2,5 ml/½ tl jahvatatud kaneeli

60 ml/4 spl külma musta kohvi

Vahusta seapekk ja suhkur heledaks ja kohevaks vahuks. Sega juurde siirup ja vaniljeessents. Sega omavahel jahu, soodavesinikkarbonaat, sool ja maitseained ning vahusta vaheldumisi kohviga. Kata ja lase paar tundi jahtuda.

Rulli tainas 5 mm/2 paksuseks ja lõika küpsisevormiga 5 cm/2 suurused ringid (küpsised). Asetage küpsised määrimata küpsiseplaadile (küpsis) ja küpsetage eelsoojendatud ahjus temperatuuril 190 °C/375 °F/gaasimärgis 5 10 minutit, kuni need on puudutamisel kõvad.

Siirup ja datliküpsised

Teeb umbes 24

50 g/2 untsi/¼ tassi võid või margariini, pehmendatud

50 g/2 untsi/¼ tassi (ülipeent) suhkrut

50 g/2 untsi/¼ tassi pehmet pruuni suhkrut

1 muna, kergelt lahtiklopitud

2,5 ml/½ tl bikarbonaati (söögisoodat)

30 ml/2 spl sooja vett

45 ml/3 spl musta siirupit (melass)

25 g/1 untsi/¼ tassi kivideta datleid, tükeldatud

100 g / 4 untsi / 1 tass tavalist jahu (universaalne)

Näputäis soola

Näputäis jahvatatud nelki

Vahusta või või margariin ja suhkrud heledaks ja kohevaks vahuks. Klopi järk-järgult sisse muna. Segage naatriumvesinikkarbonaat veega ja seejärel segage see koos teiste koostisosadega segusse. Tõsta lusikatäied võiga määritud küpsiseplaadile (küpsised) ja küpseta eelkuumutatud ahjus temperatuuril 180°C/350°F/gaasimärk 4 10 minutit.

Siirupi ja ingveri küpsised

Teeb 24

50 g/2 untsi/¼ tassi võid või margariini, pehmendatud

50 g/2 untsi/¼ tassi pehmet pruuni suhkrut

150 ml/¼ pt/2/3 tassi musta siirup (melass)

150 ml / ¼ pt / 2/3 tassi petipiima

175 g/6 untsi/1½ tassi universaalset jahu

2,5 ml/½ tl bikarbonaati (söögisoodat)

2,5 ml/½ tl ingveripulbrit

1 muna, lahtiklopitud, glasuurimiseks

Sega või või margariin ja suhkur heledaks ja kohevaks, seejärel sega hulka melassi siirup ja petipiim vaheldumisi jahu, soodavesinikkarbonaadi ja jahvatatud ingveriga. Tõsta suured lusikatäied võiga määritud ahjuplaadile ja määri pealt lahtiklopitud munaga. Küpseta eelkuumutatud ahjus 190°C/375°F/gaasimärgis 5 10 minutit.

Vanilje küpsised

Teeb 24

150 g võid või margariini, pehmendatud

100 g/4 untsi/½ tassi (ülipeent) suhkrut

1 muna, lahtiklopitud

225 g / 8 untsi / 2 tassi isekerkivat (isekerkivat) jahu

Näputäis soola

10 ml/2 tl vaniljeessentsi (ekstrakt)

Glacé (suhkrustatud) kirsid kaunistuseks

Vahusta või või margariin ja suhkur heledaks ja kohevaks vahuks. Löö vähehaaval sisse muna, seejärel sega hulka jahu, sool ja vaniljeessents ning sega taignaks. Sõtku ühtlaseks. Mähi toidukilesse (kile) ja lase 20 minutit jahtuda.

Rulli tainas õhukeseks ja lõika sellest biskviidilõikuriga ringid. Tõsta need võiga määritud ahjuplaadile (küpsised) ja pane igale peale kirss. Küpsetage küpsiseid eelkuumutatud ahjus temperatuuril 180°C/350°F/gaasimärk 4 10 minutit, kuni need on kuldpruunid. Lase küpsetusplaadil 10 minutit jahtuda, enne kui tõstad restile jahtuma.

Kreeka pähkli küpsised

Teeb 36

100 g/4 untsi/½ tassi võid või margariini, pehmendatud

100 g/4 untsi/½ tassi pehmet pruuni suhkrut

100 g/4 untsi/½ tassi (ülipeent) suhkrut

1 suur muna, kergelt lahti klopitud

200 g/7 untsi/1¾ tassi tavalist jahu (üldotstarbeline)

5 ml/1 tl küpsetuspulbrit

2,5 ml/½ tl bikarbonaati (söögisoodat)

120 ml/4 fl untsi/½ tassi petipiima

50 g/2 untsi/½ tassi kreeka pähkleid, hakitud

Sega omavahel või või margariin ja suhkrud. Klopi vähehaaval sisse muna ja seejärel sega vaheldumisi petipiima hulka jahu, küpsetuspulber ja soodavesinikkarbonaat. Murra sisse kreeka pähklid. Tõsta väikesed lusikatäied võiga määritud ahjuplaadile (küpsised) ja küpseta küpsiseid (küpsised) eelkuumutatud ahjus temperatuuril 190°C/375°F/gaasimärk 5 10 minutit.

Krõbedad küpsised

Teeb 24

25 g / 1 unts värsket pärmi või 40 ml / 2½ spl kuivatatud pärmi

450 ml/¾ pt/2 tassi sooja piima

900 g/2 naela/8 tassi kanget tavalist (leiva)jahu

175 g/6 untsi/¾ tassi võid või margariini, pehmendatud

30 ml/2 spl selget mett

2 muna, lahtiklopitud

Glasuuriks lahtiklopitud muna

Sega pärm vähese sooja piimaga ja jäta 20 minutiks sooja kohta seisma. Pane jahu kaussi ja hõõru sisse või või margariin. Sega hulka pärmisegu, ülejäänud soe piim, mesi ja munad ning sega pehmeks tainaks. Sõtku kergelt jahusel pinnal ühtlaseks ja elastseks. Aseta õliga määritud kaussi, kata õlitatud toidukilega (kile) ja jäta 1 tunniks sooja kohta seisma, kuni maht on kahekordistunud.

Sõtku uuesti läbi, siis vormi pikad lapileivad ja tõsta võiga määritud ahjuplaadile (küpsised). Kata õlitatud toidukilega ja jäta 20 minutiks sooja kohta seisma.

Pintselda lahtiklopitud munaga ja küpseta eelkuumutatud ahjus 200°C/400°F/gaasitähis 6. Laske üleöö jahtuda.

Lõika õhukesteks viiludeks ja küpseta uuesti eelkuumutatud ahjus temperatuuril 150 °C/300 °F/gaasimärk 2 30 minutit, kuni see on krõbe ja pruunistunud.

Cheddari küpsised

Teeb 12

50 g/2 untsi/¼ tassi võid või margariini

200 g/7 untsi/1¾ tassi tavalist jahu (üldotstarbeline)

15 ml/1 spl küpsetuspulbrit

Näputäis soola

50 g/2 untsi/½ tassi riivitud Cheddari juustu

175 ml / 6 fl untsi / ¾ tassi piima

Hõõru võid või margariini jahu, küpsetuspulbri ja soola hulka, kuni segu meenutab riivsaia. Sega juurde juust, seejärel sega juurde nii palju piima, et tekiks pehme tainas. Rulli kergelt jahusel pinnal umbes 2 cm paksuseks ja lõika keeksivormiga ringid välja. Asetage määrimata küpsetusplaadile (küpsised) ja küpsetage küpsiseid (kreekerid) eelkuumutatud ahjus temperatuuril 200°C/400°F/gaasimärk 6 15 minutit, kuni need on kuldpruunid.

Sinihallitusjuustu küpsised

Teeb 12

50 g/2 untsi/¼ tassi võid või margariini

200 g/7 untsi/1¾ tassi tavalist jahu (üldotstarbeline)

15 ml/1 spl küpsetuspulbrit

50 g/2 untsi/½ tassi Stiltoni juustu, riivitud või purustatud

175 ml / 6 fl untsi / ¾ tassi piima

Hõõru võid või margariini jahu ja küpsetuspulbri hulka, kuni segu meenutab riivsaia. Sega juurde juust, seejärel sega juurde nii palju piima, et tekiks pehme tainas. Rulli kergelt jahusel pinnal umbes 2 cm paksuseks ja lõika keeksivormiga ringid välja. Asetage määrimata küpsetusplaadile (küpsised) ja küpsetage küpsiseid (kreekerid) eelkuumutatud ahjus temperatuuril 200°C/400°F/gaasimärk 6 15 minutit, kuni need on kuldpruunid.

Juustu ja seesami küpsised

Teeb 24

75 g/3 untsi/1/3 tassi võid või margariini

75 g/3 untsi/¾ tassi täisteranisujahu

75 g/3 untsi/¾ tassi riivitud Cheddari juustu

30 ml/2 supilusikatäit seesamiseemneid

Sool ja värskelt jahvatatud must pipar

1 muna, lahtiklopitud

Hõõru võid või margariini jahu hulka, kuni segu meenutab riivsaia. Sega juurde juust ja pooled seesamiseemned ning maitsesta soola ja pipraga. Suru kokku tugevaks tainaks. Rulli tainas kergelt jahusel tööpinnal umbes 5 mm paksuseks ja lõika sellest keeksivormiga ringid. Tõsta küpsised (kreekerid) võiga määritud ahjuplaadile, määri munaga ja puista peale ülejäänud seesamiseemned. Küpseta eelkuumutatud ahjus 190°C/375°F/gaasimärk 5 10 minutit kuni kuldpruunini.

Juustukõrred

Teeb 16

225g/8oz Lehttaignas

1 muna, lahtiklopitud

100 g/4 untsi/1 tass Cheddari või kanget juustu, riivitud

15 ml/1 spl riivitud Parmesani juustu

Sool ja värskelt jahvatatud must pipar

Rulli tainas (pasta) umbes 5 mm paksuseks ja pintselda ohtralt lahtiklopitud munaga. Puista peale juust ning maitsesta soola ja pipraga. Lõika ribadeks ja keera ribad ettevaatlikult spiraalideks. Asetage niisutatud küpsiseplaadile (küpsised) ja küpsetage eelkuumutatud ahjus temperatuuril 220 °C/425 °F/gaasimärgis 7 umbes 10 minutit, kuni see on paisunud ja kuldpruun.

Juustu ja tomati küpsised

Teeb 12

50 g/2 untsi/¼ tassi võid või margariini

200 g/7 untsi/1¾ tassi tavalist jahu (üldotstarbeline)

15 ml/1 spl küpsetuspulbrit

Näputäis soola

50 g/2 untsi/½ tassi riivitud Cheddari juustu

15 ml/1 spl tomatipüree (pasta)

150 ml / ¼ pt / 2/3 tassi piima

Hõõru võid või margariini jahu, küpsetuspulbri ja soola hulka, kuni segu meenutab riivsaia. Sega juurde juust ning sega hulka tomatipüree ja nii palju piima, et moodustuks pehme tainas. Rulli kergelt jahusel pinnal umbes 2 cm paksuseks ja lõika keeksivormiga ringid välja. Asetage määrimata küpsetusplaadile (küpsised) ja küpsetage küpsiseid (kreekerid) eelkuumutatud ahjus temperatuuril 200°C/400°F/gaasimärk 6 15 minutit, kuni need on kuldpruunid.

Kitsejuustu suupisted

Teeb 30

2 lehte külmutatud filotainast (pasta), sulatatud

50 g/2 untsi/¼ tassi soolata võid, sulatatud

50 g/2 untsi/½ tassi kitsejuustu, tükeldatud

5 ml/1 tl Provence'i ürte

Pintselda üks filotainaleht sulavõiga, aseta peale teine leht ja pintselda võiga. Lõika 30 võrdseks ruuduks, pane igale peale juustutükk ja puista üle ürtidega. Viige nurgad kokku ja keerake tihendamiseks, pintseldades uuesti sulavõiga. Asetage võiga määritud küpsetusplaadile (küpsised) ja küpsetage eelkuumutatud ahjus 180°C/350°F/gaasmärk 4 10 minutit, kuni need on krõbedad ja kuldpruunid.

Singi- ja sinepirullid

Teeb 16

225g/8oz Lehttaignas

30 ml/2 spl prantsuse sinepit

100 g / 4 untsi / 1 tass keedetud sinki, tükeldatud

Sool ja värskelt jahvatatud must pipar

Rulli tainas (pasta) umbes 5 mm paksuseks. Määri sinepiga, puista peale sink ning maitsesta soola ja pipraga. Rulli tainas pikaks vorstikujuliseks, lõika 1 cm/½ viiludeks ja aseta niisutatud ahjuplaadile (küpsised). Küpseta eelkuumutatud ahjus 220°C/425°F/gaasimärk 7 umbes 10 minutit, kuni see on paisunud ja kuldpruun.

Singi- ja piparkoogid

Teeb 30

225 g/8 untsi/2 tassi tavalist jahu (universaalne)

15 ml/1 spl küpsetuspulbrit

5 ml/1 tl kuivatatud tüümiani

5 ml/1 tl (ülipeent) tuhksuhkrut

2,5 ml/½ tl ingveripulbrit

Näputäis riivitud muskaatpähklit

Näputäis naatriumvesinikkarbonaati (söögisoodat)

Sool ja värskelt jahvatatud must pipar

50 g/2 untsi/¼ tassi taimerasva (lühenemine)

50 g/2 untsi/½ tassi keedetud sinki, peeneks hakitud

30 ml/2 spl peeneks hakitud rohelist (paprika) pipart

175 ml/6 fl untsi/¾ tassi petipiima

Sega omavahel jahu, küpsetuspulber, tüümian, suhkur, ingver, muskaatpähkel, soodavesinikkarbonaat, sool ja pipar. Hõõruge taimerasvaga, kuni segu meenutab riivsaia. Sega juurde sink ja pipar. Lisa vähehaaval pett ja sega pehmeks tainaks. Sõtku kergelt jahusel pinnal paar sekundit ühtlaseks massiks. Rulli 2 cm paksuseks ja lõika keeksivormiga ringid välja. Asetage küpsised üksteisest hästi asetatud võiga määritud küpsiseplaadile (biskviit) ja küpsetage eelkuumutatud ahjus temperatuuril 220 °C/425 °F/gaasimärk 7 12 minutit, kuni need on paisunud ja kuldpruunid.

Lihtsad vürtsiküpsised

Teeb 8

225 g/8 untsi/2 tassi tavalist jahu (universaalne)

15 ml/1 spl küpsetuspulbrit

5 ml/1 tl (ülipeent) tuhksuhkrut

2,5 ml / ½ tl soola

50 g/2 untsi/¼ tassi võid või margariini

15 ml/1 spl värskelt hakitud murulauku

Näputäis paprikat

Värskelt jahvatatud must pipar

45 ml/3 spl piima

45 ml/3 spl vett

Sega omavahel jahu, küpsetuspulber, suhkur ja sool. Hõõru sisse võid või margariini, kuni segu meenutab riivsaia. Sega murulauk, paprika ja pipar maitse järgi. Sega juurde piim ja vesi ning sega pehmeks tainaks. Sõtku kergelt jahusel pinnal ühtlaseks, seejärel rulli 2 cm paksuseks ja lõika keeksivormiga ringid välja. Asetage küpsised (kreekerid) hästi asetatud võiga määritud küpsetusplaadile (küpsised) ja küpsetage eelkuumutatud ahjus temperatuuril 200 °C/400 °F/gaasimärk 6 15 minutit, kuni need on paisunud ja kuldpruunid.

India küpsised

Serveerib 4

100 g / 4 untsi / 1 tass tavalist jahu (universaalne)

100 g / 4 untsi / 1 tass manna (nisukoor)

175 g/6 untsi/¾ tassi (ülipeent) suhkrut

75 g/3 untsi/¾ tassi grammi jahu

175 g/6 untsi/¾ tassi gheed

Sega kõik ained kausis kokku ja hõõru seejärel peopesadega tugevaks tainaks. Kui segu on liiga kuiv, võib vaja minna veidi rohkem gheed. Vormi väikesed pallikesed ja suru biskviit-(kreekeri)vormidesse. Asetage rasvainega määritud ja vooderdatud ahjuplaadile (küpsised) ja küpsetage eelkuumutatud ahjus temperatuuril 150°C/300°F/gaasmärk 2 30–40 minutit, kuni see on kergelt pruunistunud. Küpsiste valmimisel võivad tekkida peened karvapraod.

Sarapuupähkli ja šalottsibula murekook

Teeb 12

75 g/3 untsi/1/3 tassi võid või margariini, pehmendatud

175 g/6 untsi/1½ tassi täisteranisujahu

10 ml/2 tl küpsetuspulbrit

1 šalottsibul, peeneks hakitud

50 g/2 untsi/½ tassi sarapuupähkleid, hakitud

10 ml/2 tl paprikat

15 ml/1 spl külma vett

Hõõru võid või margariini jahu ja küpsetuspulbri hulka, kuni segu meenutab riivsaia. Sega juurde šalottsibul, sarapuupähklid ja paprika. Lisa külm vesi ja suru tainaks. Rulli lahti ja suru 30 x 20 cm/12 x 8 Šveitsi rullvormi (želeerullpann) ja torgi kahvliga läbi. Märkige sõrmedes. Küpseta eelkuumutatud ahjus 200°C/400°F/gaasimärgis 6 10 minutit kuni kuldpruunini.

Lõhe ja tilli küpsised

Teeb 12

225 g/8 untsi/2 tassi tavalist jahu (universaalne)

5 ml/1 tl (ülipeent) tuhksuhkrut

2,5 ml / ½ tl soola

20 ml/4 tl küpsetuspulbrit

100 g/4 untsi/½ tassi võid või margariini, tükeldatud

90 ml/6 spl vett

90 ml/6 spl piima

100 g / 1 kl suitsulõhekrõpse, kuubikuteks lõigatud

60 ml/4 spl hakitud värsket tilli (tilliumbrohi)

Sega jahu, suhkur, sool ja küpsetuspulber ning hõõru või või margariiniga, kuni segu meenutab riivsaia. Lisa vähehaaval piim ja vesi ning sega pehmeks tainaks. Tööta sisse lõhe ja till ning blenderda ühtlaseks massiks. Rulli 2,5 cm/1 paksuseks ja lõika sellest biskviidilõikuriga ringid. Laota küpsised (kreekerid) rasvaga määritud küpsetusplaadile laiali ja küpseta eelsoojendatud ahjus temperatuuril 220°C/425°F/gaasimärk 7 15 minutit, kuni need on paisunud ja kuldpruunid.

Sooda küpsised

Teeb 12

45 ml/3 supilusikatäit seapekki (lühenemine)

225 g/8 untsi/2 tassi tavalist jahu (universaalne)

5 ml/1 tl bikarbonaati (söögisoodat)

5 ml/1 tl tartarikoort

Näputäis soola

250 ml/8 fl untsi/1 tass petipiima

Hõõru seapekk jahu, soodavesinikkarbonaadi, tartarikoore ja soola hulka, kuni segu meenutab riivsaia. Sega juurde piim ja sega pehmeks tainaks. Rulli kergelt jahusel pinnal 1 cm paksuseks ja lõika keeksivormiga välja. Asetage küpsised (kreekerid) võiga määritud küpsetusplaadile (küpsised) ja küpsetage eelkuumutatud ahjus 230°C/450°F/gaasimärk 8 10 minutit, kuni need on kuldpruunid.

Tomati ja parmesani rattad

Teeb 16

225g/8oz Lehttaignas

30 ml/2 spl tomatipüreed (pasta)

100 g / 1 tass Parmesani juustu, riivitud

Sool ja värskelt jahvatatud must pipar

Rulli tainas (pasta) umbes 5 mm paksuseks. Määri peale tomatipüree, puista peale juust ning maitsesta soola ja pipraga. Rulli tainas pikaks vorstikujuliseks, lõika 1 cm/½ viiludeks ja aseta niisutatud ahjuplaadile (küpsised). Küpseta eelkuumutatud ahjus 220°C/425°F/gaasimärk 7 umbes 10 minutit, kuni see on paisunud ja kuldpruun.

Tomati ürdiküpsised

Teeb 12

225 g/8 untsi/2 tassi tavalist jahu (universaalne)

5 ml/1 tl (ülipeent) tuhksuhkrut

2,5 ml / ½ tl soola

40 ml/2½ spl küpsetuspulbrit

100 g/4 untsi/½ tassi võid või margariini

30 ml/2 spl piima

30 ml/2 spl vett

4 küpset tomatit, kooritud, seemnetest puhastatud ja tükeldatud

45 ml/3 spl hakitud värsket basiilikut

Sega omavahel jahu, suhkur, sool ja küpsetuspulber. Hõõru sisse võid või margariini, kuni segu meenutab riivsaia. Sega juurde piim, vesi, tomatid ja basiilik ning sega pehmeks tainaks. Sõtku kergelt jahusel pinnal paar sekundit, seejärel rulli 2,5 cm paksuseks ja lõika keeksivormiga ringideks. Asetage küpsised rasvaga määritud küpsetusplaadile paraja vahega ja küpsetage eelkuumutatud ahjus temperatuuril 230 °C/425 °F/gaasimärk 7 15 minutit, kuni need on paisunud ja kuldpruunid.

Põhiline valge leib

Teeb kolm 450 g/1 naela pätsi

25 g / 1 unts värsket pärmi või 40 ml / 2½ spl kuivatatud pärmi

10 ml/2 tl suhkrut

900 ml/1½ pts/3¾ tassi sooja vett

25 g/1 untsi/2 supilusikatäit seapekki (lühenemine)

1,5 kg/3 naela/12 tassi kanget tavalist (leiva)jahu

15 ml / 1 spl soola

Sega pärm suhkru ja vähese sooja veega ning jäta 20 minutiks sooja kohta vahutama. Hõõru seapekk jahu ja soola hulka, seejärel sega hulka pärmisegu ja nii palju ülejäänud vett, et moodustuks tihke tainas, mis kausi külgedelt puhtalt lahkub. Sõtku kergelt jahusel pinnal või kombainis kuni elastseks ja mitte enam kleepuvaks. Aseta tainas õlitatud kaussi, kata õlitatud toidukilega (kile) ja jäta umbes 1 tunniks sooja kohta seisma, kuni see on kahekordseks kasvanud ja katsudes vetruv.

Sõtkuge tainas uuesti kõvaks, jagage see kolmeks osaks ja asetage võiga määritud 450 g/1 naela pätsivormidesse (vormidesse) või vormige oma valitud pätsid. Kata ja lase soojas kohas kerkida umbes 40 minutit, kuni tainas kerkib veidi üle ramekiinide tipu. Küpsetage eelkuumutatud ahjus temperatuuril 230 °C/450 °F/gaasimärk 8 30 minutit, kuni pätsid hakkavad vormide külgedest eemale tõmbuma ning on kuldpruunid ja tihked, kõlades koputamisel õõnsana.

bagelid

Teeb 12

15 g/½ untsi värsket pärmi või 20 ml/4 tl kuivatatud pärmi

5 ml/1 tl (ülipeent) tuhksuhkrut

300 ml/½ pt/1¼ tassi sooja piima

50 g/2 untsi/¼ tassi võid või margariini

450 g/1 naela/4 tassi kanget tavalist (leiva)jahu

Näputäis soola

1 munakollane

30 ml/2 spl mooniseemneid

Sega pärm suhkru ja vähese sooja piimaga ning lase 20 minutit soojas kohas vahustada. Hõõru või või margariin jahu ja soola hulka ning tee keskele süvend. Lisa pärmisegu, ülejäänud soe piim ja munakollane ning sega ühtlaseks tainaks. Sõtku, kuni tainas on elastne ega ole enam kleepuv. Aseta õliga määritud kaussi, kata õlitatud toidukilega (kile) ja jäta umbes 1 tunniks sooja kohta seisma, kuni maht on kahekordistunud.

Sõtku tainas kergelt läbi ja lõika siis 12 tükiks. Rullige igaüks umbes 15 cm pikkuseks ribaks ja keerake rõngaks. Tõsta rasvainega määritud ahjuplaadile, kata ja lase 15 minutit kerkida.

Aja suur pott vett keema ja keera siis kuumus madalaks. Tõsta rõngas keevasse vette ja küpseta 3 minutit, keerake üks kord, eemaldage ja asetage ahjuplaadile (küpsised). Jätkake ülejäänud bagelitega. Puista bagelid mooniseemnetega ja küpseta eelkuumutatud ahjus temperatuuril 230°C/450°F/gaasimärk 8 20 minutit, kuni need on kuldpruunid.

Baps

Teeb 12

25 g / 1 unts värsket pärmi või 40 ml / 2½ spl kuivatatud pärmi

5 ml/1 tl (ülipeent) tuhksuhkrut

150 ml/¼ pt/2/3 tassi sooja piima

50 g/2 untsi/¼ tassi seapekk (lühenemine)

450 g/1 naela/4 tassi kanget tavalist (leiva)jahu

5 ml / 1 tl soola

150 ml/¼ pt/2/3 tassi sooja vett

Sega pärm suhkru ja vähese sooja piimaga ning lase 20 minutit soojas kohas vahustada. Hõõru seapekk jahu hulka, sega juurde sool ja tee keskele süvend. Lisa pärmisegu, ülejäänud piim ja vesi ning sega pehmeks tainaks. Sõtku, kuni see on elastne ja ei ole enam kleepuv. Aseta õliga määritud kaussi ja kata õlitatud toidukilega (kile). Jäta sooja kohta umbes 1 tunniks, kuni see kahekordistub.
Vormi tainast 12 lehtleiba ja laota need võiga määritud ahjuplaadile (küpsised). Lase kerkida 15 minutit.
Küpseta eelkuumutatud ahjus 230°C/450°F/gaasimärk 8 15-20 minutit, kuni see on hästi kerkinud ja kuldpruun.

Kreemjas odraleib

Ühe 900 g/2 naela pätsi jaoks

15 g/½ untsi värsket pärmi või 20 ml/4 tl kuivatatud pärmi

Näputäis suhkrut

350 ml/12 fl untsi/1½ tassi sooja vett

400 g/14 untsi/3½ tassi kanget tavalist (leiva)jahu

175 g/6 untsi/1½ tassi odrajahu

Näputäis soola

45 ml/3 spl ühe (kerge) koort

Sega pärm suhkru ja vähese sooja veega ning jäta 20 minutiks sooja kohta vahutama. Sega kausis jahu ja sool, lisa pärmisegu, koor ja ülejäänud vesi ning sega tihkeks tainaks. Sõtku ühtlaseks ja ei ole enam kleepuv. Aseta õliga määritud kaussi, kata õlitatud toidukilega (kile) ja jäta umbes 1 tunniks sooja kohta seisma, kuni maht on kahekordistunud.

Sõtku uuesti kergelt läbi, seejärel vormi võiga määritud 900g/2naela leivavorm (vorm), kata ja jäta 40 minutiks sooja kohta seisma, kuni tainas on kerkinud vormi ülaosast kõrgemale.

Küpsetage eelkuumutatud ahjus 220°C/425°F/Gas Mark 7 juures 10 minutit, seejärel vähendage ahju temperatuuri 190°C/375°F/Gas Mark 5 peale ja küpseta veel 25 minutit, kuni see on kuldpruun ja õõnes. - kõlab aluse koputamisel.

Õlleleib

Ühe 900 g/2 naela pätsi jaoks

450 g/1 nael/4 tassi isekerkivat jahu

5 ml / 1 tl soola

350 ml/12 fl untsi/1½ tassi laager

Sega ained ühtlaseks tainaks. Vormi rasvainega määritud 900g/2naela leivavorm, kata ja lase 20 minutit soojas kohas kerkida. Küpseta eelkuumutatud ahjus 190°C/375°F/gaasimärgis 5 45 minutit, kuni see on kuldpruun ja põhja koputades kõlab see õõnsana.

Bostoni pruun leib

Teeb kolm 450 g/1 naela pätsi

100 g / 4 untsi / 1 tass rukkijahu

100 g / 4 untsi / 1 tass maisijahu

100 g / 4 untsi / 1 tass täistera (täistera)jahu

5 ml/1 tl bikarbonaati (söögisoodat)

5 ml / 1 tl soola

250 g/9 untsi/¾ tassi musta siirup (melass)

500 ml/16 fl untsi/2 tassi petipiima

175 g/6 untsi/1 tass rosinaid

Sega kuivained, sega hulka melassi siirup, pett ja rosinad ning sega pehmeks tainaks. Tõsta segu lusikaga kolme rasvainega määritud 450 g/1 naela pudingivormi, kata rasvakindla (vahatatud) paberi ja fooliumiga ning seo nööriga kinni, et pealsed tihendada. Asetage suurde kastrulisse ja täitke nii palju kuuma vett, et see jõuaks kausside külgede poole. Kuumuta vesi keemiseni, kata pann kaanega ja hauta 2½ tundi, vajadusel lisa keeva veega. Eemaldage kausid pannilt ja laske neil veidi jahtuda. Serveeri soojalt koos võiga.

Kliid lillepotid

Teeb 3

25 g / 1 unts värsket pärmi või 40 ml / 2½ spl kuivatatud pärmi

5 ml/1 tl suhkrut

600 ml/1 pt/2½ tassi leiget vett

675 g/1½ naela/6 tassi täisteranisujahu

25 g/1 unts/¼ tassi sojajahu

5 ml / 1 tl soola

50 g/2 untsi/1 tass kliisid

Piim glasuurimiseks

45 ml/3 spl purustatud nisu

Vaja läheb kolme puhast uut 13cm/5tollist savist lillepotti. Määri need korralikult määrima ja küpseta kuumas ahjus 30 minutit, et need ei lõhkeks.

Sega pärm suhkru ja vähese sooja veega ning lase vahutada. Sega jahu, sool ja kliid ning tee keskele süvend. Sega hulka soe vesi ja pärmisegu ning sõtku tihkeks tainaks. Tõsta jahusel pinnale ja sõtku umbes 10 minutit ühtlaseks ja elastseks. Seda saab teha ka köögikombainis. Tõsta tainas puhtasse kaussi, kata õlitatud toidukilega (kile) ja lase soojas kohas kerkida umbes 1 tund, kuni maht on kahekordistunud.

Tõsta jahusel pinnale ja sõtku uuesti 10 minutit. Vormi kolm rasvainega määritud lillepotti, kata ja lase 45 minutit kerkida, kuni tainas on tõusnud üle pottide tippude.

Pintselda tainas piimaga ja puista peale purustatud nisu. Küpseta eelkuumutatud ahjus 230°C/450°F/gaasimärgis 8 15 minutit. Alandage ahju temperatuuri 200°C/400°F/gaasimärgis 6 ja küpsetage veel 30 minutit, kuni see on hästi kerkinud ja kõva. Pöörake ümber ja laske jahtuda.

Võiga määritud rullid

Teeb 12

450 g/1 nael Põhiline saiatainas

100 g/4 untsi/½ tassi võid või margariini, tükeldatud

Valmistage leivataigen ja laske sellel kerkida, kuni see on kahekordseks kasvanud ja katsudes vetruv.

Sõtku tainas uuesti läbi ja töötle või või margariiniga. Vormige 12 rulli ja asetage need hästi üksteisest määritud ahjuplaadile. Kata õlitatud toidukilega (kile) ja lase soojas kohas kerkida umbes 1 tund, kuni maht on kahekordistunud.

Küpseta eelkuumutatud ahjus temperatuuril 230 °C/450 °F/gaasimärk 8 20 minutit, kuni see on kuldpruun ja põhja koputades kõlab see õõnsana.

petipiima leib

Ühest pätsist saab 675 g/1½ naela

450 g/1 nael/4 tassi tavalist jahu (universaalne)

5 ml/1 tl tartarikoort

5 ml/1 tl bikarbonaati (söögisoodat)

250 ml/8 fl untsi/1 tass petipiima

Sega kausis jahu, viinakoor ja sooda ning tee keskele süvend. Sega juurde nii palju petipiima, et moodustuks pehme tainas. Vormi ümmargune ja aseta võiga määritud ahjuplaadile (küpsised). Küpsetage eelkuumutatud ahjus temperatuuril 220°C/425°F/gaasimärk 7 20 minutit, kuni see on hästi kerkinud ja kuldpruun.

Kanada maisileib

Ühe 9-tollise/23 cm pätsi jaoks

150 g/5 untsi/1¼ tassi tavalist jahu (üldotstarbeline)

75 g/3 untsi/¾ tassi maisijahu

15 ml/1 spl küpsetuspulbrit

2,5 ml / ½ tl soola

100 g/4 untsi/1/3 tassi vahtrasiirupit

100 g/4 untsi/½ tassi seapekk (lühenemine), sulatatud

2 muna, lahtiklopitud

Sega kuivained, seejärel sega hulka siirup, seapekk ja munad ning sega, kuni see on hästi segunenud. Tõsta lusikaga määritud 23 cm küpsetusvormi (pannile) ja küpseta eelkuumutatud ahjus temperatuuril 220°C/425°F/gaasimärk 7 25 minutit, kuni see on hästi kerkinud ja kuldpruun ning hakkab vormi külgedelt kokku tõmbuma.

Cornish Rolls

Teeb 12

25 g / 1 unts värsket pärmi või 40 ml / 2½ spl kuivatatud pärmi

15 ml/1 spl (ülipeent) tuhksuhkrut

300 ml/½ pt/1¼ tassi sooja piima

50 g/2 untsi/¼ tassi võid või margariini

450 g/1 naela/4 tassi kanget tavalist (leiva)jahu

Näputäis soola

Sega pärm suhkru ja vähese sooja piimaga ning lase 20 minutit soojas kohas vahustada. Hõõru või või margariin jahu ja soola hulka ning tee keskele süvend. Lisa pärmisegu ja ülejäänud piim ning sega pehmeks tainaks. Sõtku, kuni see on elastne ja ei ole enam kleepuv. Aseta õliga määritud kaussi ja kata õlitatud toidukilega (kile). Jäta sooja kohta umbes 1 tunniks, kuni see kahekordistub.

Vormi tainast 12 lehtleiba ja laota need võiga määritud ahjuplaadile (küpsised). Kata õlitatud toidukilega ja lase 15 minutit kerkida.

Küpseta eelkuumutatud ahjus 230°C/450°F/gaasimärk 8 15-20 minutit, kuni see on hästi kerkinud ja kuldpruun.

Maaleib

Teeb kuus väikest pätsi

10 ml/2 tl kuivpärmi

15 ml/1 spl selget mett

120 ml/4 fl untsi/½ tassi sooja vett

350 g/12 untsi/3 tassi kanget tavalist (leiva)jahu

5 ml / 1 tl soola

50 g/2 untsi/¼ tassi võid või margariini

5 ml/1 tl köömneid

5 ml/1 tl jahvatatud koriandrit

5 ml/1 tl jahvatatud kardemoni

120 ml/4 fl untsi/½ tassi sooja piima

60 ml/4 spl seesamiseemneid

Sega pärm ja mesi 45 ml/3 spl sooja vee ja 15 ml/1 spl jahuga ning lase soojas kohas umbes 20 minutit vahustada. Ülejäänud jahu segada soolaga, seejärel hõõruda või või margariiniga ning segada köömnetega, koriandriga ja kardemoniga ning teha keskele süvend. Sega pärmisegu, ülejäänud vesi ja nii palju piima, et moodustuks ühtlane tainas. Sõtku korralikult, kuni see on kõva ja ei ole enam kleepuv. Aseta õliga määritud kaussi, kata õlitatud toidukilega (kile) ja jäta umbes 30 minutiks sooja kohta seisma, kuni maht on kahekordistunud.

Sõtku tainas uuesti läbi ja vormi siis lamedad koogid. Aseta võiga määritud ahjuplaadile (küpsised) ja pintselda piimaga. Puista üle seesamiseemnetega. Kata õlitatud toidukilega ja lase 15 minutit kerkida.

Küpseta eelkuumutatud ahjus 200°C/400°F/gaasimärgise 6 juures 30 minutit kuni kuldpruunini.

Country Mooniseemne palmik

Ühe 450 g/1 naela pätsi jaoks

275 g/10 untsi/2½ tassi tavalist jahu (üldotstarbeline)

25 g/1 untsi/2 supilusikatäit (ülipeent) tuhksuhkrut

5 ml / 1 tl soola

10 ml/2 tl kergesti segatavat kuivpärmi

175 ml / 6 fl untsi / ¾ tassi piima

25 g/2 spl võid või margariini

1 muna

Glasuuriks veidi piima või munavalget

30 ml/2 spl mooniseemneid

Sega jahu, suhkur, sool ja pärm. Kuumuta piim koos või või margariiniga, sega siis munaga jahu hulka ja sõtku tihkeks tainaks. Sõtku, kuni see on elastne ja ei ole enam kleepuv. Aseta õliga määritud kaussi, kata õlitatud toidukilega (kile) ja jäta umbes 1 tunniks sooja kohta seisma, kuni maht on kahekordistunud.

Sõtku uuesti läbi ja vormi kolmeks umbes 20 cm pikkuseks vorstivormiks. Tehke iga riba üks ots märjaks ja suruge kokku, seejärel punuge ribad kokku, niisutage ja sulgege otsad. Tõsta rasvainega määritud ahjuplaadile, kata õliga määritud toidukilega ja lase kerkida umbes 40 minutit, kuni see on kahekordistunud.

Pintselda piima või munavalgega ja puista peale mooniseemneid. Küpseta eelkuumutatud ahjus 190°C/375°F/gaasimärk 5 umbes 45 minutit kuni kuldpruunini.

Maa täisteraleib

Teeb kaks 450 g/1 naela pätsi

20 ml/4 tl kuivpärmi

5 ml/1 tl (ülipeent) tuhksuhkrut

600 ml/1 pt/2½ tassi sooja vett

25 g/1 unts/2 spl taimerasva (lühenemine)

800 g/1¾ naela/7 tassi täisterajahu

10 ml / 2 tl soola

10 ml/2 tl linnaseekstrakti

1 muna, lahtiklopitud

25 g/1 unts/¼ tassi krakitud nisu

Sega pärm suhkru ja vähese sooja veega ning lase umbes 20 minutit vahutada. Hõõru rasv jahu, soola ja linnaseekstrakti hulka ning tee keskele süvend. Sega juurde pärmisegu ja ülejäänud soe vesi ning sega pehmeks tainaks. Sõtku korralikult, kuni see on elastne ja ei ole enam kleepuv. Aseta õliga määritud kaussi, kata õlitatud toidukilega (kile) ja jäta umbes 1 tunniks sooja kohta seisma, kuni maht on kahekordistunud.

Sõtku tainas uuesti ja vormi kaheks võiga määritud 450 g/1 naela pätsivormi (pannid). Lase kerkida soojas kohas umbes 40 minutit, kuni tainas kerkib veidi üle ramekiinide tipu.

Pintselda pätside pealseid ohtralt munaga ja puista peale purustatud nisu. Küpseta eelkuumutatud ahjus 230°C/450°F/gaasimärgise 8 juures umbes 30 minutit, kuni see on kuldpruun ja põhjale koputades kõlab see õõnsana.

Karri punutised

Teeb kaks 450 g/1 naela pätsi

120 ml/4 fl untsi/½ tassi sooja vett

30 ml/2 spl kuivatatud pärmi

225 g/8 untsi/2/3 tassi selget mett

25 g/2 spl võid või margariini

30 ml/2 spl karripulbrit

675 g/1½ naela/6 tassi tavalist jahu (universaalne)

10 ml / 2 tl soola

450 ml/¾ pt/2 tassi petipiima

1 muna

10 ml / 2 tl vett

45 ml/3 spl purustatud (tükeldatud) mandleid

Sega vesi pärmi ja 5 ml/1 tl meega ning lase seista 20 minutit kuni vahuni. Sulata või või margariin, sega juurde karripulber ja keeda tasasel tulel 1 minut. Sega juurde ülejäänud mesi ja eemalda tulelt. Pane pool jahust ja soolast kaussi ning tee keskele süvend. Lisa pärmisegu, meesegu ja petipiim ning sega segades järk-järgult ülejäänud jahu, et moodustuks pehme tainas. Sõtku ühtlaseks ja elastseks. Aseta õliga määritud kaussi, kata õlitatud toidukilega ja jäta umbes 1 tunniks sooja kohta seisma, kuni maht on kahekordistunud.

Sõtku uuesti ja jaga tainas pooleks. Lõika iga tükk kolmandikuks ja rulli 20 cm/8 vorstikujuliseks. Niisutage iga riba üks ots ja suruge need kokku kaheks kolmeks partiiks, et tihendada. Punu kaks ribade komplekti ja sulgege otsad. Aseta võiga määritud ahjuplaadile (küpsised), kata õlitatud toidukilega (kile) ja lase kerkida umbes 40 minutit, kuni maht on kahekordistunud.

Klopi muna veega lahti, pintselda sellega pätsid ja puista üle mandlitega. Küpseta eelkuumutatud ahjus 190°C/375°F/gaasimärk 5 40 minutit, kuni see on kuldpruun ja põhja koputades kõlab see õõnes.

Devon lõheneb

Teeb 12

25 g / 1 unts värsket pärmi või 40 ml / 2½ spl kuivatatud pärmi

5 ml/1 tl (ülipeent) tuhksuhkrut

150 ml/¼ pt/2/3 tassi sooja piima

50 g/2 untsi/¼ tassi võid või margariini

450 g/1 naela/4 tassi kanget tavalist (leiva)jahu

150 ml/¼ pt/2/3 tassi sooja vett

Sega pärm suhkru ja vähese sooja piimaga ning lase 20 minutit soojas kohas vahustada. Hõõru või või margariin jahu hulka ja tee keskele süvend. Lisa pärmisegu, ülejäänud piim ja vesi ning sega pehmeks tainaks. Sõtku, kuni see on elastne ja ei ole enam kleepuv. Aseta õliga määritud kaussi ja kata õlitatud toidukilega (kile). Jäta sooja kohta umbes 1 tunniks, kuni see kahekordistub.

Vormi tainast 12 lehtleiba ja laota need võiga määritud ahjuplaadile (küpsised). Lase kerkida 15 minutit.

Küpseta eelkuumutatud ahjus 230°C/450°F/gaasimärk 8 15-20 minutit, kuni see on hästi kerkinud ja kuldpruun.

Puuviljane nisuidu leib

Ühe 900 g/2 naela pätsi jaoks

225 g/8 untsi/2 tassi tavalist jahu (universaalne)

5 ml / 1 tl soola

5 ml/1 tl bikarbonaati (söögisoodat)

5 ml/1 tl küpsetuspulbrit

175 g/6 untsi/1½ tassi nisuidud

100 g / 4 untsi / 1 tass maisijahu

100 g/4 untsi/1 tass valtsitud kaerahelbeid

350 g/12 untsi/2 tassi sultanasid (kuldseid rosinaid)

1 muna, kergelt lahtiklopitud

250 ml/8 fl untsi/1 tass jogurtit

150 ml/¼ pt/2/3 tassi musta siirup (melass)

60 ml/4 spl kuldset (kerge maisi) siirupit

30 ml/2 spl õli

Sega kuivained ja sultanad omavahel ning tee keskele süvend. Sega muna, jogurt, melassi siirup, siirup ja õli, sega hulka kuivained ja sega pehmeks tainaks. Vormige rasvainega määritud 900 g/2 naela leivavorm (vorm) ja küpsetage eelkuumutatud ahjus temperatuuril 180°C/350°F/gaasimärk 4 1 tund, kuni see on katsudes kõva. Lase vormis 10 minutit jahtuda, enne kui tõstad restile jahtuma.

Puuviljased piimapatsid

Teeb kaks 450 g/1 naela pätsi

15 g/½ untsi värsket pärmi või 20 ml/4 tl kuivatatud pärmi

5 ml/1 tl (ülipeent) tuhksuhkrut

450 ml/¾ pt/2 tassi sooja piima

50 g/2 untsi/¼ tassi võid või margariini

675 g/1½ naela/6 tassi tavalist jahu (universaalne)

Näputäis soola

100 g/4 untsi/2/3 tassi rosinaid

25 g/1 unts/3 spl sõstraid

25 g/1 untsi/3 spl tükeldatud segatud (suhkreeritud) koort

Piim glasuurimiseks

Sega pärm suhkru ja vähese sooja piimaga. Lase umbes 20 minutit soojas kohas seista, kuni see vahutab. Hõõru või või margariin jahu ja soola hulka, sega hulka rosinad, sõstrad ja segatud koor ning tee keskele süvend. Sega hulka ülejäänud soe piim ja pärmisegu ning sõtku pehmeks, kuid mitte kleepuvaks tainaks. Aseta õliga määritud kaussi ja kata õlitatud toidukilega (kile). Jäta sooja kohta umbes 1 tunniks, kuni see kahekordistub.

Sõtku uuesti kergelt läbi, siis jaga pooleks. Jaga kumbki pool kolmandikuks ja rulli vorstivormideks. Niisutage iga rulli üks ots ja suruge õrnalt kolm kokku, punuge tainas, niisutage ja sulgege otsad. Korrake sama teise taignapalmikuga. Aseta võiga määritud ahjuplaadile (küpsised), kata õlitatud toidukilega (kile) ja lase kerkida umbes 15 minutit.

Pintselda veidi piimaga, seejärel küpseta eelsoojendatud ahjus temperatuuril 200 °C/400 °F/gaasimärk 6 30 minutit, kuni see on kuldpruun ja koputades kõlab õõnsana.

Aida leib

Teeb kaks 900 g/2 naela pätsi

25 g / 1 unts värsket pärmi või 40 ml / 2½ spl kuivatatud pärmi

5 ml/1 tl mett

450 ml/¾ pt/2 tassi sooja vett

350 g/12 untsi/3 tassi aidajahu

350 g/12 untsi/3 tassi täisterajahu

15 ml / 1 spl soola

15 g/1 spl võid või margariini

Sega pärm mee ja vähese sooja veega ning lase soojas kohas umbes 20 minutit vahustada. Sega jahu ja sool ning hõõru hulka või või margariin. Sega hulka pärmisegu ja nii palju sooja vett, et moodustuks ühtlane tainas. Sõtku kergelt jahusel pinnal ühtlaseks ja ei ole enam kleepuv. Aseta õliga määritud kaussi, kata õlitatud toidukilega (kilekilega) ja jäta umbes 1 tunniks sooja kohta seisma, kuni maht on kahekordistunud.

Sõtku uuesti ja vormi kaheks rasvainega määritud 900 g/2 naela pätsivormi (pannid). Kata õliga määritud toidukilega ja lase kerkida, kuni tainas jõuab ramekiinide tippu.

Küpsetage eelkuumutatud ahjus temperatuuril 220 °C/425 °F/gaasimärgis 7 25 minutit, kuni see on kuldpruun ja koputades kõlab see õõnes.

Aida rullid

Teeb 12

15 g/½ untsi värsket pärmi või 20 ml/2½ supilusikatäit kuivatatud pärmi

5 ml/1 tl (ülipeent) tuhksuhkrut

300 ml/½ pt/1¼ tassi sooja vett

450 g/1 nael/4 tassi aidajahu

5 ml / 1 tl soola

5 ml/1 spl linnaseekstrakti

30 ml/2 spl purustatud nisu

Sega pärm suhkru ja vähese sooja veega ning lase soojas kohas vahustada. Sega jahu ja sool ning sega hulka pärmisegu, ülejäänud soe vesi ja linnaseekstrakt. Sõtku kergelt jahusel pinnal ühtlaseks ja elastseks. Aseta õliga määritud kaussi, kata õlitatud toidukilega (kilekilega) ja jäta umbes 1 tunniks sooja kohta seisma, kuni maht on kahekordistunud.

Sõtku kergelt läbi, seejärel vormi rullid ja aseta võiga määritud ahjuplaadile (küpsised). Pintselda veega ja puista peale purustatud nisu. Kata õliga määritud toidukilega ja jäta umbes 40 minutiks sooja kohta seisma, kuni maht on kahekordistunud.

Küpseta eelkuumutatud ahjus 220°C/425°F/gaasimärgis 7 10–15 minutit, kuni põhja koputades kõlab see õõnsana.

Teraleib sarapuupähklitega

Ühe 900 g/2 naela pätsi jaoks

15 g/½ untsi värsket pärmi või 20 ml/4 tl kuivatatud pärmi

5 ml/1 tl pehmet pruuni suhkrut

450 ml/¾ pt/2 tassi sooja vett

450 g/1 nael/4 tassi aidajahu

175 g/6 untsi/1½ tassi kanget tavalist (leiva)jahu

5 ml / 1 tl soola

15 ml/1 spl oliiviõli

100 g / 1 tass sarapuupähkleid, jämedalt hakitud

Sega pärm suhkru ja vähese sooja veega ning jäta 20 minutiks sooja kohta vahutama. Sega kausis jahu ja sool, lisa pärmisegu, õli ja ülejäänud soe vesi ning sõtku tihkeks tainaks. Sõtku ühtlaseks ja ei ole enam kleepuv. Aseta õliga määritud kaussi, kata õlitatud toidukilega (kile) ja jäta umbes 1 tunniks sooja kohta seisma, kuni maht on kahekordistunud.

Sõtku uuesti kergelt ja lisa pähklid, seejärel vormi rasvainega määritud 900g/2naela leivavorm (vorm), kata õliga määritud toidukilega ja jäta 30 minutiks sooja kohta seisma, kuni tainas on kerkinud vormi ülaosast kõrgemale.

Küpsetage eelkuumutatud ahjus temperatuuril 220 °C/425 °F/gaasimärgis 7 30 minutit, kuni see on kuldpruun ja koputamisel kõlab see õõnsana.

Grissini

Teeb 12

25 g / 1 unts värsket pärmi või 40 ml / 2½ spl kuivatatud pärmi

15 ml/1 spl (ülipeent) tuhksuhkrut

120 ml/4 fl untsi/½ tassi sooja piima

25 g/2 spl võid või margariini

450 g/1 naela/4 tassi kanget tavalist (leiva)jahu

10 ml / 2 tl soola

Sega pärm 5 ml/1 tl suhkru ja vähese sooja piimaga ning lase 20 minutit soojas kohas vahustada. Sulata ülejäänud soojas piimas või ja ülejäänud suhkur. Pane jahu ja sool kaussi ning tee keskele süvend. Vala hulka pärmi ja piima segu ning sõtku niiskeks tainaks. Sõtku ühtlaseks. Aseta õliga määritud kaussi, kata õlitatud toidukilega (kilekilega) ja jäta umbes 1 tunniks sooja kohta seisma, kuni maht on kahekordistunud.

Sõtku kergelt läbi, jaga seejärel 12 osaks ja rulli pikkadeks õhukesteks pulkadeks ning aseta rasvaga määritud küpsetusplaadile üksteisest eemal. Kata õlitatud toidukilega ja lase soojas kohas 20 minutit kerkida.

Pintselda saiapulgad veega, seejärel küpseta eelsoojendatud ahjus temperatuuril 220 °C/425 °F/gaasimark 7 10 minutit, seejärel alanda ahju temperatuur 180 °C/350 °F/gaasimark 4-ni ja küpseta veel. 20 minutit kuni tardumiseni, olge krõmpsuv.

Harvest Braid

Ühe 550 g/1¼ naela pätsi jaoks

25 g / 1 unts värsket pärmi või 40 ml / 2½ spl kuivatatud pärmi

25 g/1 untsi/2 supilusikatäit (ülipeent) tuhksuhkrut

150 ml/¼ pt/2/3 tassi sooja piima

50 g/2 untsi/¼ tassi võid või margariini, sulatatud

1 muna, lahtiklopitud

450 g/1 nael/4 tassi tavalist jahu (universaalne)

Näputäis soola

30 ml/2 spl sõstraid

2,5 ml/½ tl jahvatatud kaneeli

5 ml/1 tl riivitud sidrunikoort

Piim glasuurimiseks

Sega pärm 2,5 ml/½ tl suhkru ja vähese sooja piimaga ning lase soojas kohas umbes 20 minutit vahustada. Sega ülejäänud piim või või margariiniga ja lase veidi jahtuda. Sega hulka muna. Pange ülejäänud koostisosad kaussi ja tehke keskele süvend. Sega juurde piima ja pärmi segu ning sega pehmeks tainaks. Sõtku, kuni see on elastne ja ei ole enam kleepuv. Aseta õliga määritud kaussi ja kata õlitatud toidukilega (kile). Jäta sooja kohta umbes 1 tunniks, kuni see kahekordistub.

Jaga tainas kolmeks osaks ja rulli ribadeks. Tehke iga riba üks ots märjaks ja kinnitage otsad kokku, seejärel punuge need kokku ning tehke ja kinnitage teised otsad. Tõsta rasvainega määritud ahjuplaadile, kata õlitatud toidukilega ja jäta 15 minutiks sooja kohta seisma.

Pintselda vähese piimaga ja küpseta eelsoojendatud ahjus 220°C/425°F/gaasimärk 7 15-20 minutit, kuni see on kuldpruun ja põhja koputades kõlab see õõnsaks.

Piimaleib

Teeb kaks 450 g/1 naela pätsi

15 g/½ untsi värsket pärmi või 20 ml/4 tl kuivatatud pärmi

5 ml/1 tl (ülipeent) tuhksuhkrut

450 ml/¾ pt/2 tassi sooja piima

50 g/2 untsi/¼ tassi võid või margariini

675 g/1½ naela/6 tassi tavalist jahu (universaalne)

Näputäis soola

Piim glasuurimiseks

Sega pärm suhkru ja vähese sooja piimaga. Lase umbes 20 minutit soojas kohas seista, kuni see vahutab. Hõõru või või margariin jahu ja soola hulka ning tee keskele süvend. Sega hulka ülejäänud soe piim ja pärmisegu ning sõtku pehmeks, kuid mitte kleepuvaks tainaks. Aseta õliga määritud kaussi ja kata õlitatud toidukilega (kile). Jäta sooja kohta umbes 1 tunniks, kuni see kahekordistub.

Sõtku uuesti kergelt läbi, seejärel jaga segu kahe võiga määritud 450g/1lb pätsivormi (panni) vahel, kata õliga määritud toidukilega ja lase kerkida umbes 15 minutit, kuni tainas kerkib veidi üle vormide ülaosa.

Pintselda veidi piimaga, seejärel küpseta eelsoojendatud ahjus temperatuuril 200 °C/400 °F/gaasimärk 6 30 minutit, kuni see on kuldpruun ja koputades kõlab õõnsana.

Piim puuviljaleib

Teeb kaks 450 g/1 naela pätsi

15 g/½ untsi värsket pärmi või 20 ml/4 tl kuivatatud pärmi

5 ml/1 tl (ülipeent) tuhksuhkrut

450 ml/¾ pt/2 tassi sooja piima

50 g/2 untsi/¼ tassi võid või margariini

675 g/1½ naela/6 tassi tavalist jahu (universaalne)

Näputäis soola

100 g/4 untsi/2/3 tassi rosinaid

Piim glasuurimiseks

Sega pärm suhkru ja vähese sooja piimaga. Lase umbes 20 minutit soojas kohas seista, kuni see vahutab. Hõõru või või margariin jahu ja soola hulka, sega hulka rosinad ja tee keskele süvend. Sega hulka ülejäänud soe piim ja pärmisegu ning sõtku pehmeks, kuid mitte kleepuvaks tainaks. Aseta õliga määritud kaussi ja kata õlitatud toidukilega (kile). Jäta sooja kohta umbes 1 tunniks, kuni see kahekordistub.

Sõtku uuesti kergelt läbi, seejärel jaga segu kahe võiga määritud 450g/1lb pätsivormi (panni) vahel, kata õliga määritud toidukilega ja lase kerkida umbes 15 minutit, kuni tainas kerkib veidi üle vormide ülaosa.

Pintselda veidi piimaga, seejärel küpseta eelsoojendatud ahjus temperatuuril 200 °C/400 °F/gaasimärk 6 30 minutit, kuni see on kuldpruun ja koputades kõlab õõnsana.

Morning Glory Leib

Teeb kaks 450 g/1 naela pätsi

100 g/4 untsi/1 tass täisteratooteid

15 ml/1 spl linnaseekstrakti

450 ml/¾ pt/2 tassi sooja vett

25 g / 1 unts värsket pärmi või 40 ml / 2½ spl kuivatatud pärmi

30 ml/2 spl selget mett

25 g/1 unts/2 spl taimerasva (lühenemine)

675 g/1½ naela/6 tassi täisteranisujahu

25 g/1 unts/¼ tassi piimapulbrit (lõss kuivpiim)

5 ml / 1 tl soola

Leota täisteratooteid ja linnaseekstrakti üleöö soojas vees.

Sega pärm veel sooja vee ja 5 ml/1 tl meega. Lase umbes 20 minutit soojas kohas seista, kuni see vahutab. Hõõru rasv jahu, piimapulbri ja soola hulka ning tee keskele süvend. Sega juurde pärmisegu, ülejäänud mee ja nisu segu ning sõtku tainaks. Sõtku korralikult ühtlaseks ja ei ole enam kleepuv. Aseta õliga määritud kaussi, kata õlitatud toidukilega (kile) ja jäta umbes 1 tunniks sooja kohta seisma, kuni maht on kahekordistunud.

Sõtku tainas uuesti ja vormi kaheks võiga määritud 450 g/1 naela pätsivormi (pannid). Kata õliga määritud toidukilega ja jäta 40 minutiks sooja kohta seisma, kuni tainas kerkib veidi üle ramekiinide tipu.

Küpseta eelkuumutatud ahjus 200°C/425°F/gaasimärgis 7 umbes 25 minutit, kuni see on hästi kerkinud ja põhja koputades kõlab õõnsana.

Muffini leib

Teeb kaks 900 g/2 naela pätsi

300 g/10 untsi/2½ tassi täisterajahu

300 g/10 untsi/2½ tassi tavalist jahu (üldotstarbeline)

40 ml / 2½ spl kuivatatud pärmi

15 ml/1 spl (ülipeent) tuhksuhkrut

10 ml / 2 tl soola

500 ml/17 fl untsi/2¼ tassi leiget piima

2,5 ml/½ tl bikarbonaati (söögisoodat)

15 ml/1 spl sooja vett

Sega jahud omavahel. Mõõda kaussi 350 g/12 untsi/3 tassi segatud jahu ning sega hulka pärm, suhkur ja sool. Sega juurde piim ja klopi tugevaks vahuks. Sega sooda ja vesi omavahel ning sega ülejäänud jahuga taignasse. Jaga segu kahe võiga määritud 900 g/2 naela pätsivormi (vormi) vahel, kata kaanega ja lase kerkida umbes 1 tund, kuni see kahekordistub.

Küpsetage eelkuumutatud ahjus temperatuuril 190 °C/375 °F/gaasimärk 5 1¼ tundi, kuni see on hästi kerkinud ja kuldpruun.

Leib ilma riisita

Ühe 900 g/2 naela pätsi jaoks

450 g / 4 tassi täistera (täistera)jahu

175 g/6 untsi/1½ tassi isekerkivat jahu

5 ml / 1 tl soola

30 ml/2 supilusikatäit (ülipeent) tuhksuhkrut

450 ml / ¾ pt / 2 tassi piima

20 ml/4 tl äädikat

30 ml/2 spl õli

5 ml/1 tl bikarbonaati (söögisoodat)

Sega jahu, sool ja suhkur omavahel ning tee keskele süvend. Vahusta piim, äädikas, õli ja sooda, vala kuivainete hulka ja sega ühtlaseks massiks. Vormige rasvainega määritud 900 g/2 naela leivavorm (vorm) ja küpsetage eelkuumutatud ahjus temperatuuril 180°C/350°F/gaasimärk 4 1 tund, kuni see on kuldpruun ja koputamisel kõlab see õõnsana.

Pitsa tainas

Piisab kahe 23 cm pitsa jaoks

15 g/½ untsi värsket pärmi või 20 ml/4 tl kuivatatud pärmi

Näputäis suhkrut

250 ml/8 fl untsi/1 tass sooja vett

350 g/12 untsi/3 tassi universaalset jahu

Näputäis soola

30 ml/2 spl oliiviõli

Sega pärm suhkru ja vähese sooja veega ning jäta 20 minutiks sooja kohta vahutama. Sega soola ja oliiviõliga läbi jahu ning sõtku ühtlaseks ja mittekleepuvaks. Aseta õliga määritud kaussi, kata õlitatud toidukilega (kile) ja jäta 1 tunniks sooja kohta seisma, kuni maht on kahekordistunud. Sõtku uuesti ja vormi vastavalt soovile.

Kaerahelbed Cob

Ühe 450 g/1 naela pätsi jaoks

25 g / 1 unts värsket pärmi või 40 ml / 2½ spl kuivatatud pärmi

5 ml/1 tl (ülipeent) tuhksuhkrut

150 ml/¼ pt/2/3 tassi leiget piima

150 ml/¼ pt/2/3 tassi leiget vett

400 g/14 untsi/3½ tassi kanget tavalist (leiva)jahu

5 ml / 1 tl soola

25 g/2 spl võid või margariini

100 g/4 untsi/1 tass keskmist kaerahelbeid

Sega pärm ja suhkur piima ja veega ning jäta sooja kohta vahutama. Sega jahu ja sool, seejärel hõõru hulka või või margariin ning sega hulka kaerahelbed. Tee keskele süvend, vala sisse pärmisegu ja sõtku pehmeks tainaks. Tõsta jahusel pinnale ja sõtku 10 minutit, kuni see on sile ja elastne. Aseta õlitatud kaussi, kata õlitatud toidukilega (kile) ja lase soojas kohas kerkida umbes 1 tund, kuni maht on kahekordistunud.

Sõtku tainas uuesti läbi ja seejärel vormi see enda valitud leivakujuliseks. Tõsta rasvainega määritud ahjuplaadile, pintselda vähese veega, kata õlitatud toidukilega ja jäta sooja kohta umbes 40 minutiks kahekordseks.

Küpsetage eelkuumutatud ahjus temperatuuril 230 °C/450 °F/gaasimärgis 8 25 minutit, kuni see on hästi kerkinud ja kuldpruun ning koputades kõlab õõnes.

Kaerahelbed Farl

Teeb 4

25 g / 1 unts värsket pärmi või 40 ml / 2½ spl kuivatatud pärmi

5 ml/1 tl mett

300 ml/½ pt/1¼ tassi sooja vett

450 g/1 naela/4 tassi kanget tavalist (leiva)jahu

50 g/2 untsi/½ tassi keskmist kaerahelbeid

2,5 ml/½ tl küpsetuspulbrit

Näputäis soola

25 g/2 spl võid või margariini

Sega pärm mee ja vähese sooja veega ning jäta 20 minutiks sooja kohta vahutama.

Sega jahu, kaerahelbed, küpsetuspulber ja sool ning hõõru hulka või või margariin. Sega juurde pärmisegu ja ülejäänud soe vesi ning sega keskmiselt pehmeks tainaks. Sõtku, kuni see on elastne ja ei ole enam kleepuv. Aseta õliga määritud kaussi, kata õlitatud toidukilega (kilekilega) ja jäta umbes 1 tunniks sooja kohta seisma, kuni maht on kahekordistunud.

Sõtku uuesti kergelt läbi ja moodusta umbes 3 cm paksune ring. Lõika need neljandikku ja aseta veidi teineteisest eemal, kuid siiski algsel ümaral kujul võiga määritud ahjuplaadile. Kata õlitatud toidukilega ja lase umbes 30 minutit kerkida, kuni maht on kahekordistunud.

Küpseta eelkuumutatud ahjus 200°C/400°F/gaasimärk 6 30 minutit, kuni see on kuldpruun ja põhjale koputades kõlab see õõnsana.

Pitta leib

Teeb 6

15 g/½ untsi värsket pärmi või 20 ml/4 tl kuivatatud pärmi

5 ml/1 tl (ülipeent) tuhksuhkrut

300 ml/½ pt/1¼ tassi sooja vett

450 g/1 naela/4 tassi kanget tavalist (leiva)jahu

5 ml / 1 tl soola

Sega pärm, suhkur ja veidi sooja vett ning lase soojas kohas 20 minutit vahutada. Sega pärmisegu ja ülejäänud soe vesi jahu ja soolaga ning sega tihkeks tainaks. Sõtku ühtlaseks ja elastseks. Aseta õliga määritud kaussi, kata õlitatud toidukilega (kilekilega) ja jäta umbes 1 tunniks sooja kohta seisma, kuni maht on kahekordistunud.

Sõtku uuesti ja jaga kuueks tükiks. Rulli umbes 5 mm/¼ paksusteks ovaalideks ja aseta võiga määritud ahjuplaadile (küpsised). Kata õlitatud toidukilega ja lase 40 minutit kerkida, kuni maht on kahekordistunud.

Küpseta eelkuumutatud ahjus 230°C/450°F/gaasimärgis 8 10 minutit, kuni see on kergelt kuldpruun.

Kiire pruun leib

Teeb kaks 450 g/1 naela pätsi

15 g/½ untsi värsket pärmi või 20 ml/4 tl kuivatatud pärmi

300 ml/½ pt/1¼ tassi sooja piima ja vett segatuna

15 ml/1 spl musta siirupit (melass)

225 g / 8 untsi / 2 tassi täistera nisujahu

225 g/8 untsi/2 tassi tavalist jahu (universaalne)

10 ml / 2 tl soola

25 g/2 spl võid või margariini

15 ml/1 spl purustatud nisu

Sega pärm vähese sooja piima ja vee ning siirupiga ning lase soojas kohas vahustada. Sega jahu ja sool ning hõõru hulka või või margariin. Tee keskele süvend ja vala sisse pärmisegu, et tekiks tahke tainas. Tõsta jahusel pinnale ja sõtku 10 minutit ühtlaseks ja elastseks või töötle köögikombainis. Vormi kaks pätsi ja aseta rasvainega määritud ja vooderdatud 450 g/1 naela pätsivormidesse (pannidesse). Pintselda pealsed veega ja puista peale purustatud nisu. Kata õlitatud toidukilega (kile) ja jäta sooja kohta umbes 1 tunniks seisma, kuni maht on kahekordistunud. Küpsetage eelkuumutatud ahjus temperatuuril 240°C/475°F/gaasimärgis 8 40 minutit, kuni pätsid kostavad põhja koputades õõnsad.

Niiske riisileib

Ühe 900 g/2 naela pätsi jaoks

75 g/3 untsi/1/3 tassi pikateralist riisi

15 g/½ untsi värsket pärmi või 20 ml/4 tl kuivatatud pärmi

Näputäis suhkrut

250 ml/8 fl untsi/1 tass sooja vett

550 g/1¼ naela/5 tassi kanget tavalist (leiva)jahu

2,5 ml / ½ tl soola

Mõõda riis tassi ja vala kastrulisse. Lisa kolmekordne kogus külma vett, lase keema tõusta, kata kaanega ja hauta umbes 20 minutit, kuni vesi on imendunud. Samal ajal sega pärm suhkru ja vähese sooja veega ning jäta 20 minutiks sooja kohta vahutama.

Pane jahu ja sool kaussi ning tee keskele süvend. Sega hulka pärmisegu ja soe riis ning sega pehmeks tainaks. Aseta õliga määritud kaussi, kata õlitatud toidukilega (kilekilega) ja jäta umbes 1 tunniks sooja kohta seisma, kuni maht on kahekordistunud.

Sõtku kergelt, lisades veidi rohkem jahu, kui tainas on käsitsemiseks liiga pehme, ja vormi määritud 900 g/2 naela leivavormiks. Kata õliga määritud toidukilega ja jäta 30 minutiks sooja kohta seisma, kuni tainas on vormi ülaosast kõrgemale kerkinud.

Küpsetage eelkuumutatud ahjus temperatuuril 230°C/450°F/Gas Mark 8 10 minutit, seejärel vähendage ahju temperatuuri 200°C/400°F/Gas Mark 6 peale ja küpsetage veel 25 minutit, kuni see on kuldpruun ja õõnes. - kõlab, kui alusele koputatakse.

Riisi ja mandli leib

Ühe 900 g/2 naela pätsi jaoks

175 g/6 untsi/¾ tassi võid või margariini, pehmendatud

175 g/6 untsi/¾ tassi (ülipeent) suhkrut

3 muna, kergelt lahtiklopitud

100 g/4 untsi/1 tass kanget jahu (leib)

5 ml/1 tl küpsetuspulbrit

Näputäis soola

100 g / 4 untsi / 1 tass jahvatatud riisi

50 g/2 untsi/½ tassi jahvatatud mandleid

15 ml/1 spl sooja vett

Vahusta või või margariin ja suhkur heledaks ja kohevaks vahuks. Klopi sisse järk-järgult munad, seejärel sega ühtlaseks tainaks kuivained ja vesi. Vormige rasvainega määritud 900 g/2 naela leivavorm (vorm) ja küpsetage eelkuumutatud ahjus temperatuuril 180°C/350°F/gaasimärk 4 1 tund, kuni see on kuldpruun ja koputamisel kõlab see õõnsana.

Krõbe kuivik

Teeb 24

675 g/1½ naela/6 tassi tavalist jahu (universaalne)

15 ml/1 spl hambakivikreemi

10 ml / 2 tl soola

400 g/14 untsi/1¾ tassi (ülipeent) tuhksuhkrut

250 g/9 untsi/lahke 1 tass võid või margariini

10 ml/2 tl bikarbonaati (söögisoodat)

250 ml/8 fl untsi/1 tass petipiima

1 muna

Sega omavahel jahu, tartarikoor ja sool. Sega juurde suhkur. Hõõru sisse võid või margariini, kuni segu meenutab riivsaia ja tee keskele süvend. Sega bikarbonaat vähese petipiimaga ja sega muna ülejäänud petipiimaga. Varu 30 ml/2 spl munasegu kuivikute glasuurimiseks. Sega ülejäänud kuivainetega naatriumvesinikkarbonaadi seguga ja sõtku tihkeks tainaks. Jaga tainas kuueks võrdseks osaks ja vormi vorstid. Tasandage need veidi ja lõigake igaüks kuueks tükiks. Aseta võiga määritud ahjuplaadile (küpsised) ja pintselda reserveeritud munaseguga. Küpseta eelkuumutatud ahjus 200°C/400°F/gaasimärgise 6 juures 30 minutit kuni kuldpruunini.

rukkileib

Teeb kaks 450 g/1 naela pätsi

25 g / 1 unts värsket pärmi või 40 ml / 2½ spl kuivatatud pärmi

15 ml/1 sl pehmet pruuni suhkrut

300 ml/½ pt/1¼ tassi sooja vett

450 g/1 nael/4 tassi rukkijahu

225 g/8 untsi/2 tassi kanget (leiva)jahu

5 ml / 1 tl soola

5 ml/1 tl köömneid

150 ml/¼ pt/2/3 tassi sooja piima

Sega pärm suhkru ja vähese sooja veega ning lase soojas kohas vahustada. Sega jahu, sool ja köömned omavahel ning tee keskele süvend. Sega hulka pärmisegu, piim ja ülejäänud vesi ning sõtku tihkeks tainaks. Tõsta jahusel pinnale ja sõtku 8 minutit ühtlaseks ja elastseks või töötle köögikombainis. Aseta õliga määritud kaussi, kata õlitatud toidukilega (kile) ja jäta umbes 1 tunniks sooja kohta seisma, kuni maht on kahekordistunud. Sõtku uuesti läbi, siis vormi kaks pätsi ja aseta võiga määritud ahjuplaadile (küpsised). Kata õlitatud toidukilega ja lase 30 minutit kerkida.

Küpsetage eelsoojendatud ahjus temperatuuril 220 °C/425 °F/gaasimärk 7 15 minutit, seejärel vähendage ahju temperatuuri 190 °C/375 °F/gaasimärk 5 veel 25 minutiks, kuni pätsid kõlavad koputamisel õõnsaks. alus.

Mesiklooni sõrmus

Teeb 20cm/8tollise rõnga

Taigna jaoks:

100 g/4 untsi/½ tassi võid või margariini

350 g/12 untsi/3 tassi isekerkivat jahu

Näputäis soola

1 muna

150 ml / ¼ pt / 2/3 tassi piima

Täidise jaoks:

100 g/4 untsi/½ tassi võid või margariini, pehmendatud

60 ml/4 supilusikatäit selget mett

15 ml/1 spl demerara suhkrut

Taigna valmistamiseks hõõru või või margariin jahu ja soola hulka, kuni segu meenutab riivsaia. Klopi muna ja piim omavahel lahti, seejärel sega jahusegu hulka nii palju, et tekiks pehme tainas. Rulli kergelt jahusel pinnal 30 cm (12 tolli) ruuduks.

Täidise jaoks sega omavahel või või margariin ja mesi. Jätke 15 ml/1 spl segu alles ja jagage ülejäänu taignale. Rulli kokku nagu Šveitsi (želee)rull ja lõika siis kaheksaks viiluks. Asetage viilud võiga määritud 20 cm/8-tollisse koogivormi, seitse serva ja üks keskele. Määri reserveeritud mee seguga ja puista üle suhkruga. Küpseta küpsist eelkuumutatud ahjus temperatuuril 190°C/375°F/gaasimärk 5 30 minutit, kuni see on kuldpruun. Lase vormis 10 minutit jahtuda, enne kui tõstad restile jahtuma.

Granola skoonid

Teeb 8 kiilu

100 g/4 untsi/1 tass müslit

150 ml / ¼ pt / 2/3 tassi vett

50 g/2 untsi/¼ tassi võid või margariini

100 g / 4 untsi / 1 tass tavalist jahu (universaalne) või täistera (täisterajahu)

10 ml/2 tl küpsetuspulbrit

50 g/2 untsi/1/3 tassi rosinaid

1 muna, lahtiklopitud

Leota müslit 30 minutit vees. Hõõru või või margariin jahu ja küpsetuspulbri hulka, kuni segu meenutab riivsaia, seejärel sega hulka rosinad ja leotatud müsli ning sega pehmeks tainaks. Vormi 20 cm ümmarguseks ja lamedaks määritud küpsetusplaadile (küpsised). Lõika osaliselt kaheksaks osaks ja pintselda lahtiklopitud munaga. Küpseta eelkuumutatud ahjus 230°C/450°F/gaasimärgis 8 umbes 20 minutit, kuni see on kuldpruun.

Apelsini ja rosina skoonid

Teeb 12

50 g/2 untsi/¼ tassi võid või margariini

225 g/8 untsi/2 tassi tavalist jahu (universaalne)

2,5 ml/½ tl bikarbonaati (söögisoodat)

100 g/4 untsi/2/3 tassi rosinaid

5 ml/1 tl riivitud apelsinikoort

60 ml/4 supilusikatäit apelsinimahla

60 ml / 4 supilusikatäit piima

Piim glasuurimiseks

Hõõru või või margariin jahu ja soodavesinikkarbonaadi hulka ning sega hulka rosinad ja apelsinikoor. Töötle apelsinimahla ja piimaga, et saada pehme tainas. Rulli kergelt jahusel pinnal umbes 1 tolli paksuseks ja lõika küpsisevormiga ringideks. Aseta skoonid (küpsised) võiga määritud ahjuplaadile (küpsised) ja pintselda pealt piimaga. Küpseta eelkuumutatud ahjus 200°C/400°F/gaasimärgis 6 15 minutit, kuni see on kergelt pruunikas.

Pirnitükid

Teeb 12

50 g/2 untsi/¼ tassi võid või margariini

225 g / 8 untsi / 2 tassi isekerkivat (isekerkivat) jahu

25 g/1 untsi/2 supilusikatäit (ülipeent) tuhksuhkrut

1 kõva pirn, kooritud, puhastatud südamikust ja viilutatud

150 ml / ¼ pt / 2/3 tassi jogurtit

30 ml/2 spl piima

Hõõru või või margariin jahu hulka. Sega juurde suhkur ja pirn ning sega jogurt pehmeks tainaks, vajadusel lisa veidi piima. Rulli kergelt jahusel pinnal umbes 1 tolli paksuseks ja lõika küpsisevormiga ringideks. Asetage skoonid (küpsised) võiga määritud küpsetusplaadile (küpsised) ja küpsetage eelkuumutatud ahjus 230°C/450°F/gaasmärk 8 10-15 minutit, kuni need on hästi kerkinud ja kuldpruunid.

kartuliskoonid

Teeb 12

50 g/2 untsi/¼ tassi võid või margariini

225 g / 8 untsi / 2 tassi isekerkivat (isekerkivat) jahu

Näputäis soola

175 g/6 untsi/¾ tassi keedetud kartulipüree

60 ml / 4 supilusikatäit piima

Hõõru või või margariin jahu ja soola hulka. Sega juurde kartulipuder ja nii palju piima, et tekiks pehme tainas. Rulli kergelt jahusel pinnal umbes 1 tolli paksuseks ja lõika küpsisevormiga ringideks. Aseta skoonid (küpsised) kergelt võiga määritud ahjuplaadile (küpsised) ja küpseta eelsoojendatud ahjus 200°C/400°F/gaasimärk 6 15-20 minutit, kuni need on kergelt kuldpruunid.

Rosina skoonid

Teeb 12

75 g/3 untsi/½ tassi rosinaid

225 g/8 untsi/2 tassi tavalist jahu (universaalne)

2,5 ml / ½ tl soola

15 ml/1 spl küpsetuspulbrit

25 g/1 untsi/2 supilusikatäit (ülipeent) tuhksuhkrut

50 g/2 untsi/¼ tassi võid või margariini

120 ml/4 fl untsi/½ tassi ühekordne (kerge) koor

1 muna, lahtiklopitud

Leota rosinaid kuumas vees 30 minutit ja seejärel nõruta. Sega kuivained omavahel ja hõõru hulka või või margariin. Sega juurde koor ja muna, et moodustuks pehme tainas. Jaga kolmeks palliks, rulli umbes 1 cm paksuseks ja aseta võiga määritud ahjuplaadile (küpsised). Lõika igaüks neljaks. Küpseta skoone (küpsiseid) eelkuumutatud ahjus temperatuuril 230°C/450°F/gaasimärk 8 umbes 10 minutit, kuni need on kuldpruunid.

Siirupi skoonid

Teeb 10

225 g/8 untsi/2 tassi tavalist jahu (universaalne)

10 ml/2 tl küpsetuspulbrit

2,5 ml/½ tl jahvatatud kaneeli

50 g/2 untsi/¼ tassi võid või margariini, tükeldatud

25 g/1 untsi/2 supilusikatäit (ülipeent) tuhksuhkrut

30 ml/2 spl musta siirupit (melass)

150 ml / ¼ pt / 2/3 tassi piima

Sega jahu, küpsetuspulber ja kaneel omavahel. Hõõru sisse või või margariin ning sega juurde suhkur, siirup ja piim nii palju, et moodustuks pehme tainas. Rulli 1 cm/½ paksuseks ja lõika küpsisevormiga 5 cm/2 ringideks. Asetage skoonid (küpsised) võiga määritud küpsetusplaadile ja küpsetage eelkuumutatud ahjus 220°C/425°F/gaasimärk 7 10-15 minutit, kuni need on hästi kerkinud ja kuldpruunid.

Siirup ja ingveritükid

Teeb 12

400 g/14 untsi/3½ tassi tavalist jahu (üldotstarbeline)

50 g/2 untsi/½ tassi riisijahu

5 ml/1 tl bikarbonaati (söögisoodat)

2,5 ml/½ tl tartarikoort

10 ml/2 tl ingveripulbrit

2,5 ml / ½ tl soola

10 ml/2 tl (ülipeent) tuhksuhkrut

50 g/2 untsi/¼ tassi võid või margariini

30 ml/2 spl musta siirupit (melass)

300 ml/½ pt/1¼ tassi piima

Sega kuivained omavahel. Hõõru sisse võid või margariini, kuni segu meenutab riivsaia. Sega juurde siirup ja nii palju piima, et tekiks pehme, kuid mitte kleepuv tainas. Sõtku õrnalt kergelt jahusel pinnal, rulli lahti ja lõika 7,5 cm/3-tollise küpsisevormiga ringid välja. Aseta skoonid (küpsised) võiga määritud ahjuplaadile (küpsised) ja pintselda üle ülejäänud piimaga. Küpseta eelkuumutatud ahjus 220°C/425°F/gaasimärgise 7 juures 15 minutit, kuni see on kerkinud ja kuldpruun.

Sultana skoonid

Teeb 12

225 g/8 untsi/2 tassi tavalist jahu (universaalne)

Näputäis soola

2,5 ml/½ tl bikarbonaati (söögisoodat)

2,5 ml/½ tl tartarikoort

50 g/2 untsi/¼ tassi võid või margariini

25 g/1 untsi/2 supilusikatäit (ülipeent) tuhksuhkrut

50 g/2 untsi/1/3 tassi sultanaid (kuldseid rosinaid)

7,5 ml/½ supilusikatäit sidrunimahla

150 ml / ¼ pt / 2/3 tassi piima

Sega omavahel jahu, sool, soodavesinikkarbonaat ja viinakivikoor. Hõõru sisse võid või margariini, kuni segu meenutab riivsaia. Sega juurde suhkur ja sultanid. Sega sidrunimahl piimaga ja sega järkjärgult kuivainete hulka, kuni saad pehme taigna. Sõtku kergelt läbi, seejärel rulli umbes 1 cm paksuseks ja lõika keeksivormiga 5 cm/2 ringiks. Asetage skoonid (küpsised) võiga määritud küpsetusplaadile (küpsised) ja küpsetage eelkuumutatud ahjus 230°C/450°F/gaasimärk 8 umbes 10 minutit, kuni need on hästi kerkinud ja kuldpruunid.

Täistera nisu siirupi skoonid

Teeb 12

100 g / 4 untsi / 1 tass täistera (täistera)jahu

100 g / 4 untsi / 1 tass tavalist jahu (universaalne)

25 g/1 untsi/2 supilusikatäit (ülipeent) tuhksuhkrut

2,5 ml/½ tl tartarikoort

2,5 ml/½ tl bikarbonaati (söögisoodat)

5 ml/1 tl segatud (õunakoogi) maitseaineid

50 g/2 untsi/¼ tassi võid või margariini

30 ml/2 spl musta siirupit (melass)

100 ml / 3½ fl untsi / 6½ spl piima

Sega kuivained omavahel ja hõõru hulka või või margariin. Kuumuta siirup ja sega seejärel piisava koguse piimaga läbi koostisosade, et moodustuks pehme tainas. Rulli kergelt jahusel pinnal 1 cm paksuseks ja lõika keeksivormiga ringid välja. Aseta skoonid (küpsised) võiga määritud ja jahuga ülepuistatud ahjuplaadile (küpsised) ja pintselda üle piimaga. Küpseta eelkuumutatud ahjus 190°C/375°F/gaasimärgis 5 20 minutit.

Jogurtiskoonid

Teeb 12

200 g/7 untsi/1¾ tassi tavalist jahu (üldotstarbeline)

25 g/1 unts/¼ tassi riisijahu

10 ml/2 tl küpsetuspulbrit

Näputäis soola

15 ml/1 spl (ülipeent) tuhksuhkrut

50 g/2 untsi/¼ tassi võid või margariini

150 ml / ¼ pt / 2/3 tassi jogurtit

Sega omavahel jahu, küpsetuspulber, sool ja suhkur. Hõõru sisse võid või margariini, kuni segu meenutab riivsaia. Sega juurde jogurt, kuni saad pehme, kuid mitte kleepuva taina. Rulli jahusel pinnal umbes 2 cm paksuseks ja lõika küpsisevormi abil 5 cm/2 ringideks. Asetage rasvainega määritud küpsetusplaadile ja küpsetage eelkuumutatud ahjus temperatuuril 200°C/400°F/gaasimärk 6 umbes 15 minutit, kuni see on hästi kerkinud ja kuldpruun.

Juustutükid

Teeb 12

225 g/8 untsi/2 tassi tavalist jahu (universaalne)

2,5 ml / ½ tl soola

15 ml/1 spl küpsetuspulbrit

50 g/2 untsi/¼ tassi võid või margariini

100 g/4 untsi/1 tass Cheddari juustu, riivitud

150 ml / ¼ pt / 2/3 tassi piima

Sega omavahel jahu, sool ja küpsetuspulber. Hõõru sisse võid või margariini, kuni segu meenutab riivsaia. Sega juurde juust. Sega vähehaaval juurde piim, et moodustuks pehme tainas. Sõtku kergelt läbi, seejärel rulli umbes 1 cm paksuseks ja lõika keeksivormiga 5 cm/2 ringiks. Asetage skoonid (küpsised) võiga määritud küpsetusplaadile (küpsised) ja küpsetage eelkuumutatud ahjus 220°C/425°F/gaasimärk 7 12-15 minutit, kuni need on hästi kerkinud ja kuldpruunid. Serveeri soojalt või külmalt.

Täisterast ürdiskoonid

Teeb 12

100 g/4 untsi/½ tassi võid või margariini

175 g/6 untsi/1¼ tassi täisteranisujahu

50 g/2 untsi/½ tassi tavalist jahu (üldotstarbeline)

10 ml/2 tl küpsetuspulbrit

30 ml/2 spl hakitud värsket salvei või tüümiani

150 ml / ¼ pt / 2/3 tassi piima

Hõõru või või margariini jahu ja küpsetuspulbri hulka, kuni segu meenutab riivsaia. Sega juurde maitseained ja nii palju piima, et moodustuks pehme tainas. Sõtku kergelt läbi, seejärel rulli umbes 1 cm paksuseks ja lõika keeksivormiga 5 cm/2 ringideks. Aseta skoonid (küpsised) võiga määritud ahjuplaadile (küpsised) ja pintselda pealt piimaga. Küpseta eelkuumutatud ahjus 220°C/425°F/gaasimärk 7 10 minutit, kuni see on kerkinud ja kuldpruun.

Salaami- ja juustutükid

Serveerib 4

50 g/2 untsi/¼ tassi võid või margariini

225 g / 8 untsi / 2 tassi isekerkivat (isekerkivat) jahu

Näputäis soola

50 g salaamit, viilutatud

75 g/3 untsi/¾ tassi riivitud Cheddari juustu

75 ml/5 spl piima

Hõõru võid või margariini jahu ja soola hulka, kuni segu meenutab riivsaia. Sega hulka salaami ja juust, seejärel lisa piim ja sega pehmeks tainaks. Vormi 20 cm ümmarguseks ja lameda veidi. Asetage skoonid (küpsised) võiga määritud küpsetusplaadile (küpsised) ja küpsetage eelkuumutatud ahjus 220°C/425°F/gaasimärk 7 15 minutit, kuni need on kuldpruunid.

Täisterast skoonid

Teeb 12

175 g/6 untsi/1½ tassi täisteranisujahu

50 g/2 untsi/½ tassi tavalist jahu (üldotstarbeline)

15 ml/1 spl küpsetuspulbrit

Näputäis soola

50 g/2 untsi/¼ tassi võid või margariini

50 g/2 untsi/¼ tassi (ülipeent) suhkrut

150 ml / ¼ pt / 2/3 tassi piima

Sega omavahel jahu, küpsetuspulber ja sool. Hõõru sisse võid või margariini, kuni segu meenutab riivsaia. Sega juurde suhkur. Sega vähehaaval juurde piim, et moodustuks pehme tainas. Sõtku kergelt läbi, seejärel rulli umbes 1 cm paksuseks ja lõika keeksivormiga 5 cm/2 ringiks. Asetage skoonid (küpsised) võiga määritud küpsetusplaadile (küpsised) ja küpsetage eelkuumutatud ahjus 230°C/450°F/gaasmärk 8 umbes 15 minutit, kuni need on kerkinud ja kuldpruunid. Serveeri soojalt.

Barbadosi konkid

Teeb 12

350 g/12 untsi kõrvitsat, riivitud

225 g/8 untsi maguskartulit, riivitud

1 suur riivitud kookospähkel või 225 g/8 untsi 2 tassi kuivatatud (hakitud) kookospähkel

350 g/12 untsi/1½ tassi pehmet pruuni suhkrut

5 ml/1 tl jahvatatud segatud (õunakoogi) vürtse

5 ml/1 tl riivitud muskaatpähklit

5 ml / 1 tl soola

5 ml/1 tl mandli essentsi (ekstrakt)

100 g/4 untsi/2/3 tassi rosinaid

350g/12oz/3 tassi maisijahu

100 g / 4 untsi / 1 tass isekerkivat (isekerkivat) jahu

175 g/6 untsi/¾ tassi võid või margariini, sulatatud

300 ml/½ pt/1¼ tassi piima

Sega kõrvits, bataat ja kookos omavahel. Sega juurde suhkur, vürtsid, sool ja mandlisesents. Lisa rosinad, maisijahu ja jahu ning sega korralikult läbi. Sega sulatatud või või margariin piimaga ja sega kuivainete hulka, kuni see on hästi segunenud. Asetage umbes 60 ml/4 supilusikatäit segu ruudukujulisele fooliumile, jälgides, et see ei oleks ülerahvastatud. Voldi foolium pakendisse nii, et see oleks kenasti pakitud ja segu ei oleks näha. Korrake ülejäänud seguga. Aurutage koogikesi restil keeva vee kohal umbes 1 tund, kuni need on tahked ja läbiküpsenud. Serveeri soojalt või külmalt.

Friteeritud jõuluküpsised

Teeb 40

50 g/2 untsi/¼ tassi võid või margariini

100 g / 4 untsi / 1 tass tavalist jahu (universaalne)

2,5 ml/½ tl jahvatatud kardemoni

25 g/1 untsi/2 supilusikatäit (ülipeent) tuhksuhkrut

15 ml/1 spl topelt (rasket) koort

5 ml/1 tl konjakit

1 väike muna, lahtiklopitud

Õli praadimiseks

Tolmutamiseks pulbristatud (kondiitri) suhkur

Hõõru võid või margariini jahu ja kardemoni hulka, kuni segu meenutab riivsaia. Sega juurde suhkur, seejärel lisa koor ja brändi ning nii palju muna, et saada parajalt jäik segu. Katke ja jätke 1 tund jahedasse kohta.

Rulli kergelt jahusel pinnal 5 mm paksuseks ja lõika kondiitrilõikuriga 10x2,5 cm/4x1 ribadeks. Lõika iga riba keskele terava noaga pilu. Poolkaare tegemiseks tõmmake riba üks ots läbi pilu. Prae küpsiseid (küpsiseid) kuumas õlis partiidena umbes 4 minutit, kuni need on kuldpruunid ja paisunud. Nõruta majapidamispaberil (paberist käterätikud) ja serveeri tuhksuhkruga üle puistatuna.

Maisijahu koogid

Teeb 12

100 g / 4 untsi / 1 tass isekerkivat (isekerkivat) jahu

100 g / 4 untsi / 1 tass maisijahu

5 ml/1 tl küpsetuspulbrit

15 g/½ untsi/1 spl tuhksuhkrut (ülipeent).

2 muna

375 ml/13 fl untsi/1½ tassi piima

60 ml/4 spl õli

Õli praadimiseks

Sega kuivained omavahel ja tee keskele süvend. Klopi lahti munad, piim ja mõõdetud õli ning seejärel vispelda hulka kuivained. Kuumuta suurel pannil (pannil) veidi õli ja prae (hautage) 60 ml/4 supilusikatäit tainast, kuni peale ilmuvad mullid. Pöörake ümber ja pruunistage teine pool. Eemaldage pannilt ja hoidke ülejäänud taignaga jätkamise ajal soojas. Serveeri soojalt.

kruubid

Teeb 8

15 g/½ untsi värsket pärmi või 20 ml/4 tl kuivatatud pärmi

5 ml/1 tl (ülipeent) tuhksuhkrut

300 ml/½ pt/1¼ tassi piima

1 muna

250 g/9 untsi/2¼ tassi tavalist jahu (universaalne)

5 ml / 1 tl soola

Õli hõõrumiseks

Sega pärm ja suhkur vähese piimaga pastaks, seejärel sega hulka ülejäänud piim ja muna. Sega vedelik jahu ja soola hulka ning sega kreemjaks paksuks taignaks. Kata kaanega ja jäta 30 minutiks sooja kohta seisma, kuni see kahekordistub. Kuumuta grillpann või raske pann (pann) ja määri kergelt. Aseta küpsetusplaadile 7,5 cm/3 küpsetusrõngad. (Kui sul ei ole küpsetusrõngaid, lõika ettevaatlikult väikese vormi üla- ja alaosa ära.) Vala seguga pokaalid rõngastesse ja küpseta umbes 5 minutit, kuni põhi on pruunistunud ja pealt kivistunud. Korrake ülejäänud seguga. Serveeri röstitult.

Sõõrikud

Teeb 16

300 ml/½ pt/1¼ tassi sooja piima

15 ml/1 spl kuivatatud pärmi

175 g/6 untsi/¾ tassi (ülipeent) suhkrut

450 g/1 naela/4 tassi kanget tavalist (leiva)jahu

5 ml / 1 tl soola

50 g/2 untsi/¼ tassi võid või margariini

1 muna, lahtiklopitud

Õli praadimiseks

5 ml/1 tl jahvatatud kaneeli

Sega omavahel soe piim, pärm, 5 ml/1 tl suhkrut ja 100 g jahu. Jätke 20 minutiks sooja kohta, kuni see vahutab. Sega kausis ülejäänud jahu, 50 g suhkrut ja soola ning hõõru või või margariiniga, kuni segu meenutab riivsaia. Sega hulka muna ja pärmisegu ning sõtku korralikult ühtlaseks tainaks. Katke ja jätke 1 tund sooja kohta. Sõtku uuesti ja rulli 2 cm paksuseks. Lõika 8cm/3tollise lõikuriga rõngad ja 4cm/1½tollise lõikuriga lõika välja keskkohad.

Aseta võiga määritud ahjuplaadile (küpsised) ja lase 20 minutit kerkida. Kuumuta õli, kuni see peaaegu suitseb, seejärel prae sõõrikud paar minutit korraga kuni kuldpruunini. Nõruta hästi. Pange ülejäänud suhkur ja kaneel kotti ning raputage sõõrikud kotti, kuni need on korralikult kaetud.

Kartuli sõõrikud

Teeb 24

15 ml/1 spl kuivatatud pärmi

60 ml/4 spl sooja vett

25 g/1 untsi/2 supilusikatäit (ülipeent) tuhksuhkrut

25 g/1 untsi/2 supilusikatäit seapekki (lühenemine)

1,5 ml / ¼ tl soola

75 g/3 untsi/1/3 tassi kartulipüree

1 muna, lahtiklopitud

120 ml/4 fl untsi/½ tassi piima, keedetud

300 g/10 untsi/2½ tassi kanget tavalist (leiva)jahu

Õli praadimiseks

Puistamiseks granuleeritud suhkur

Lahusta pärm soojas vees teelusikatäie suhkru ja vahuga. Sega pekk, ülejäänud suhkur ja sool. Sega juurde kartul, pärmisegu, muna ja piim, lisa vähehaaval jahu ja sega ühtlaseks massiks. Tõsta jahusel pinnale ja sõtku korralikult läbi. Aseta võiga määritud kaussi, kata toidukilega (kile) ja jäta sooja kohta umbes 1 tunniks seisma, kuni maht on kahekordistunud.

Sõtku uuesti ja rulli 1 cm paksuseks. Lõika 8cm/3tollise lõikuriga rõngad, seejärel lõigake sõõrikukujude tegemiseks 4cm/1½tollise lõikuriga välja keskkohad. Lase kerkida kahekordseks. Kuumuta õli ja prae sõõrikud kuldpruuniks. Puista üle suhkruga ja lase jahtuda.

Naanleib

Teeb 6

2,5 ml/½ tl kuivatatud pärmi

60 ml/4 spl sooja vett

350 g/12 untsi/3 tassi universaalset jahu

10 ml/2 tl küpsetuspulbrit

Näputäis soola

150 ml / ¼ pt / 2/3 tassi jogurtit

Sulatatud või pintseldamiseks

Sega pärm ja soe vesi ning jäta sooja kohta 10 minutiks vahutama. Sega pärmisegu jahu, küpsetuspulbri ja soolaga ning töötle jogurt pehmeks tainaks. Sõtku, kuni see pole enam kleepuv. Aseta õliga määritud kaussi, kata ja lase 8 tundi kerkida.
Jaga tainas kuueks tükiks ja rulli umbes 5 mm paksusteks ovaalideks. Aseta võiga määritud ahjuplaadile (küpsised) ja pintselda sulavõiga. Grilli (grill) keskmise grilli (grill) all umbes 5 minutit, kuni see on kergelt pundunud, seejärel keera ümber ja pintselda teine pool võiga ning grilli veel 3 minutit, kuni see on kergelt pruunistunud.

Kaer Bannocks

Teeb 4

100 g/4 untsi/1 tass keskmist kaerahelbeid

2,5 ml / ½ tl soola

Näputäis naatriumvesinikkarbonaati (söögisoodat)

10 ml/2 tl õli

60 ml/4 tl kuuma vett

Sega kausis kuivained ja tee keskele süvend. Sega juurde õli ja nii palju vett, et tekiks tihe tainas. Tõsta kergelt jahusele pinnale ja sõtku ühtlaseks massiks. Rulli umbes 5 mm/¼ paksuseks, lõika servad ära ja lõika neljandikku. Kuumuta grillpann või paksupõhjaline pann (pann) ja prae (hauta) bannocke umbes 20 minutit, kuni nurgad hakkavad kõverduma. Pöörake ümber ja küpsetage teist poolt 6 minutit.

Piketid

Teeb 8

10 ml/2 tl värsket pärmi või 5 ml/1 tl kuivatatud pärmi

5 ml/1 tl (ülipeent) tuhksuhkrut

300 ml/½ pt/1¼ tassi piima

1 muna

225 g/8 untsi/2 tassi tavalist jahu (universaalne)

5 ml / 1 tl soola

Õli hõõrumiseks

Sega pärm ja suhkur vähese piimaga pastaks, seejärel sega hulka ülejäänud piim ja muna. Sega vedelik jahu ja soola hulka ning sega õhukeseks taignaks. Kata kaanega ja jäta 30 minutiks sooja kohta seisma, kuni see kahekordistub. Kuumuta grillpann või raske pann (pann) ja määri kergelt. Vala segu tassid küpsetusplaadile ja küpseta umbes 3 minutit, kuni alumine külg on pruunistunud, seejärel keera ümber ja küpseta teiselt poolt umbes 2 minutit. Korrake ülejäänud seguga.

Easy Drop Scones

Teeb 15

100 g / 4 untsi / 1 tass isekerkivat (isekerkivat) jahu

Näputäis soola

15 ml/1 spl (ülipeent) tuhksuhkrut

1 muna

150 ml / ¼ pt / 2/3 tassi piima

Õli hõõrumiseks

Sega jahu, sool ja suhkur omavahel ning tee keskele süvend. Tõsta sisse muna ja sega järk-järgult muna ja piima hulka, kuni saad ühtlase taigna. Kuumuta suur praepann (pann) ja määri kergelt. Kui see on kuum, pane pannile lusikatäied taignast nii, et need moodustaksid ringid. Küpseta umbes 3 minutit, kuni skoonid on pealt paisunud ja kuldpruunid, seejärel pööra ümber ja pruunista teine pool. Serveeri kuumalt või soojalt.

Maple Drop Scones

Teeb 30

200 g / 7 untsi / 1¾ tassi isekerkivat (isekerkivat) jahu

25 g/1 unts/¼ tassi riisijahu

10 ml/2 tl küpsetuspulbrit

25 g/1 untsi/2 supilusikatäit (ülipeent) tuhksuhkrut

Näputäis soola

15 ml/1 spl vahtrasiirup

1 muna, lahtiklopitud

200 ml/7 fl oz/skannib 1 tass piima

päevalilleõli

50 g/2 untsi/¼ tassi võid või margariini, pehmendatud

15 ml/1 spl peeneks hakitud kreeka pähkleid

Sega jahu, küpsetuspulber, suhkur ja sool omavahel ning tee keskele süvend. Lisa vahtrasiirup, muna ja pool piimast ning klopi ühtlaseks. Sega ülejäänud piim paksuks taignaks. Kuumuta pannil (pannil) veidi õli ja vala üleliigne ära. Tõsta pannile lusikatäied tainast ja prae (hauta), kuni alumine külg on kuldpruun. Pöörake ja küpsetage ka teisi külgi. Eemalda pannilt ja hoia ülejäänud skoonide küpsetamise ajal soojas. Püreesta või või margariin pähklitega ning serveerige soojad skoonid maitsevõiga.

Küpsetusplaat Scones

Teeb 12

225 g/8 untsi/2 tassi tavalist jahu (universaalne)

5 ml/1 tl bikarbonaati (söögisoodat)

10 ml/2 tl tartarikoort

2,5 ml / ½ tl soola

25 g/2 spl seapekki (lühenemine) või võid

25 g/1 untsi/2 supilusikatäit (ülipeent) tuhksuhkrut

150 ml / ¼ pt / 2/3 tassi piima

Õli hõõrumiseks

Sega omavahel jahu, sooda, tartarikoor ja sool. Hõõru sisse searasv või või, seejärel sega juurde suhkur. Sega vähehaaval juurde piim, kuni saad pehme taigna. Lõika tainas pooleks ning sõtku ja vormi kumbki umbes 1 cm paksuseks ümmarguseks. Lõika iga ring kuueks. Kuumuta grillpann või suur pann (pann) ja õli kergelt. Kui kuum, pane skoonid (küpsised) pannile ja küpseta umbes 5 minutit, kuni alumine külg on kuldpruun, seejärel keera ümber ja küpseta teiselt poolt. Lase restil jahtuda.

Juustuvad grillskoonid

Teeb 12

25 g/2 spl võid või margariini, pehmendatud

100 g/4 untsi/½ tassi kodujuustu

5 ml/1 tl värskelt hakitud murulauku

2 muna, lahtiklopitud

40 g/1½ untsi/1/3 tassi tavalist jahu (üldotstarbeline)

15 g/½ untsi/2 supilusikatäit riisijahu

5 ml/1 tl küpsetuspulbrit

15 ml/1 spl piima

Õli hõõrumiseks

Vahusta kõik koostisosad peale õli paksuks taignaks. Kuumuta pannil (pannil) veidi õli ja nõruta liigne õli. Prae (prae) lusikatäie segu, kuni alumine külg on kuldpruun. Keera skoonid (küpsised) ümber ja küpseta teine pool. Eemalda pannilt ja hoia ülejäänud skoonide küpsetamise ajal soojas

Spetsiaalsed šoti pannkoogid

Teeb 12

100 g / 4 untsi / 1 tass tavalist jahu (universaalne)

10 ml/2 tl (ülipeent) tuhksuhkrut

5 ml/1 tl tartarikoort

2,5 ml / ½ tl soola

2,5 ml/½ tl bikarbonaati (söögisoodat)

1 muna

5 ml/1 tl kuldset (hele maisi) siirupit

120 ml/4 fl untsi/½ tassi sooja piima

Õli hõõrumiseks

Sega kuivained omavahel ja tee keskele süvend. Klopi muna siirupi ja piimaga lahti ning sega jahusegu hulka, kuni saad väga paksu taigna. Kata ja lase seista umbes 15 minutit, kuni segu hakkab mullitama. Kuumuta suur küpsetusrest või paksupõhjaline pann (pann) ja määri see kergelt õliga. Tõsta väikesed lusikatäied tainast küpsetusplaadile ja prae ühelt poolt umbes 3 minutit, kuni alumine külg on kuldpruun, seejärel keera ümber ja küpseta teiselt poolt umbes 2 minutit. Mähi pannkoogid ülejäänud taigna küpsetamise ajaks sooja rätikusse (nõudepesulapi). Serveeri värskelt ja võis, hautatult või praetult (praetud).

Šoti puuviljapannkoogid

Teeb 12

100 g / 4 untsi / 1 tass tavalist jahu (universaalne)

10 ml/2 tl (ülipeent) tuhksuhkrut

5 ml/1 tl tartarikoort

2,5 ml / ½ tl soola

2,5 ml/½ tl bikarbonaati (söögisoodat)

100 g/4 untsi/2/3 tassi rosinaid

1 muna

5 ml/1 tl kuldset (hele maisi) siirupit

120 ml/4 fl untsi/½ tassi sooja piima

Õli hõõrumiseks

Sega kuivained ja rosinad omavahel ning tee keskele süvend. Klopi muna siirupi ja piimaga lahti ning sega jahusegu hulka, kuni saad väga paksu taigna. Kata ja lase seista umbes 15 minutit, kuni segu hakkab mullitama. Kuumuta suur küpsetusrest või paksupõhjaline pann (pann) ja määri see kergelt õliga. Tõsta väikesed lusikatäied tainast küpsetusplaadile ja prae ühelt poolt umbes 3 minutit, kuni alumine külg on kuldpruun, seejärel keera ümber ja küpseta teiselt poolt umbes 2 minutit. Mähi pannkoogid ülejäänu küpsetamise ajaks sooja rätikusse (nõuderätikusse). Serveeri värskelt ja võis, hautatult või praetult (praetud).

Šoti oranžid pannkoogid

Teeb 12

100 g / 4 untsi / 1 tass tavalist jahu (universaalne)

10 ml/2 tl (ülipeent) tuhksuhkrut

5 ml/1 tl tartarikoort

2,5 ml / ½ tl soola

2,5 ml/½ tl bikarbonaati (söögisoodat)

10 ml/2 tl riivitud apelsinikoort

1 muna

5 ml/1 tl kuldset (hele maisi) siirupit

120 ml/4 fl untsi/½ tassi sooja piima

Paar tilka apelsini essentsi (ekstrakt)

Õli hõõrumiseks

Sega kuivained ja apelsinikoor ning tee keskele süvend. Klopi muna siirupi, piima ja apelsini essentsiga lahti ning sega jahusegu hulka, kuni saad väga paksu taigna. Kata ja lase seista umbes 15 minutit, kuni segu hakkab mullitama. Kuumuta suur küpsetusrest või paksupõhjaline pann (pann) ja määri see kergelt õliga. Tõsta väikesed lusikatäied tainast küpsetusplaadile ja prae ühelt poolt umbes 3 minutit, kuni alumine külg on kuldpruun, seejärel keera ümber ja küpseta teiselt poolt umbes 2 minutit. Mähi pannkoogid ülejäänu küpsetamise ajaks sooja rätikusse (nõuderätikusse). Serveeri värskelt ja võis, hautatult või praetult (praetud).

Laulab Hinny

Teeb 12

225 g/8 untsi/2 tassi tavalist jahu (universaalne)

2,5 ml / ½ tl soola

2,5 ml/½ tl küpsetuspulbrit

50 g/2 untsi/¼ tassi seapekk (lühenemine)

50 g/2 untsi/¼ tassi võid või margariini

100 g/4 untsi/2/3 tassi sõstraid

120 ml / 4 fl untsi / ½ tassi piima

Õli hõõrumiseks

Sega kuivained, seejärel hõõru hulka searasv ja või või margariin, kuni segu meenutab riivsaia. Sega hulka sõstrad ja tee keskele süvend. Sega juurde nii palju piima, et tekiks jäik tainas. Rulli kergelt jahusel pinnal umbes 1 cm paksuseks ja torgi pealt kahvliga läbi. Kuumuta grillpann või paksu põhjaga pann (pann) ja määri kergelt rasvainega. Küpseta kooki umbes 5 minutit, kuni põhi on kuldpruun, seejärel keera ümber ja küpseta ka teist poolt umbes 4 minutit. Serveeri poolitatult ja võiga määrituna.

Walesi pirukad

Serveerib 4

225 g/8 untsi/2 tassi tavalist jahu (universaalne)

5 ml/1 tl küpsetuspulbrit

2,5 ml/½ tl jahvatatud segatud (õunakoogi) vürtse

50 g/2 untsi/¼ tassi võid või margariini

50 g/2 untsi/¼ tassi seapekk (lühenemine)

75 g/3 untsi/1/3 tassi tuhksuhkrut (ülipeent).

50 g/2 untsi/1/3 tassi sõstraid

1 muna, lahtiklopitud

30–45 ml/2–3 spl piima

Sega kausis jahu, küpsetuspulber ja segatud maitseained. Hõõru sisse võid või margariini ja searasva, kuni segu meenutab riivsaia. Sega juurde suhkur ja sõstrad. Sega juurde muna ja nii palju piima, et tekiks jäik tainas. Rulli jahusel laual 5 mm/3 paksuseks ja lõika 7,5 cm/3 ringideks. Küpseta rasvainega määritud ahjuplaadil umbes 4 minutit mõlemalt poolt kuldpruuniks.

Walesi pannkoogid

Teeb 12

175 g/6 untsi/1½ tassi universaalset jahu

2,5 ml/½ tl tartarikoort

2,5 ml/½ tl bikarbonaati (söögisoodat)

50 g/2 untsi/¼ tassi (ülipeent) suhkrut

25 g/2 spl võid või margariini

1 muna, lahtiklopitud

120 ml / 4 fl untsi / ½ tassi piima

2,5 ml/½ tl äädikat

Õli hõõrumiseks

Sega kuivained ja sega hulka suhkur. Hõõru sisse või või margariin ja tee keskele süvend. Sega hulka muna ja piim nii palju, et tekiks õhuke tainas. Sega juurde äädikas. Kuumuta grillpann või paksu põhjaga pann (pann) ja määri kergelt rasvainega. Tõsta pannile suured lusikatäied tainast ja prae (prae) umbes 3 minutit, kuni alumine külg on kuldpruun. Pöörake ümber ja küpsetage teist poolt umbes 2 minutit. Serveeri soojalt ja võiga määritud.

Mehhiko maitsestatud maisileib

Teeb 8 rulli

225 g / 8 untsi / 2 tassi isekerkivat (isekerkivat) jahu

5 ml/1 tl tšillipulbrit

2,5 ml/½ tl bikarbonaati (söögisoodat)

200 g/7 untsi/1 väike purk koorega suhkrumaisi (mais)

15 ml/1 spl karripastat

250 ml/8 fl untsi/1 tass jogurtit

Õli praadimiseks

Sega omavahel jahu, tšillipulber ja soodavesinikkarbonaat. Sega hulka ülejäänud ained peale õli ja sega pehmeks tainaks. Tõsta kergelt jahusele pinnale ja sõtku õrnalt ühtlaseks. Lõika kaheksaks tükiks ja löö igaüks 13 cm/5 ringiks. Kuumuta paksupõhjalisel pannil (pannil) õli ja prae (prae) maisileiba 2 minutit mõlemalt poolt, kuni see on pruunistunud ja kergelt paisunud.

Rootsi lapileib

Teeb 4

225 g / 8 untsi / 2 tassi täistera nisujahu

225 g / 8 untsi / 2 tassi rukki- või odrajahu

5 ml / 1 tl soola

Umbes 250 ml/8 fl untsi/1 tass leiget vett

Õli hõõrumiseks

Sega kausis jahu ja sool, seejärel töötle järk-järgult vees, kuni saad tihke taigna. Olenevalt kasutatavast jahust võib vett vaja minna veidi rohkem või vähem. Vahusta hästi, kuni segu kausi külgedelt lahkub, seejärel kummuta kergelt jahusel pinnal ja sõtku 5 minutit. Jaga tainas neljaks ja rulli õhukeseks 20 cm/8 ringidena. Kuumuta grillpann või suur pann (pann) ja määri kergelt õliga. Prae (prae) üks või kaks pätsi korraga umbes 15 minutit mõlemalt poolt kuldpruuniks.

Aurutatud rukki- ja suhkrumaisi leib

Ühe 9-tollise/23 cm pätsi jaoks

175 g/6 untsi/1½ tassi rukkijahu

175 g/6 untsi/1½ tassi täisteranisujahu

100 g/4 untsi/1 tass kaerahelbeid

10 ml/2 tl bikarbonaati (söögisoodat)

5 ml / 1 tl soola

450 ml / ¾ pt / 2 tassi piima

175 g/6 untsi/½ tassi musta siirup (melass)

10 ml/2 tl sidrunimahla

Sega omavahel jahu, kaerahelbed, soodavesinikkarbonaat ja sool. Kuumuta piim, siirup ja sidrunimahl leigeks, seejärel sega hulka kuivained. Tõsta lusikaga määritud 23cm/9tollisse pudingivormi ja kata volditud fooliumiga. Pange suurde kastrulisse ja täitke vormi külgede ulatuses piisavalt kuuma veega. Kata kaanega ja keeda 3 tundi, vajadusel lisa keeva veega. Lase enne serveerimist üleöö seista.

Aurutatud suhkrumaisi leib

Teeb kaks 450 g/1 naela pätsi

175 g/6 untsi/1½ tassi universaalset jahu

225 g/8 untsi/2 tassi maisijahu

15 ml/1 spl küpsetuspulbrit

Näputäis soola

3 muna

45 ml/3 spl õli

150 ml / ¼ pt / 2/3 tassi piima

300 g/11 untsi konserveeritud suhkrumais (mais), nõrutatud ja püreestatud

Sega omavahel jahu, maisijahu, küpsetuspulber ja sool. Klopi lahti munad, õli ja piim ning sega kuivained koos suhkrumaisiga. Tõsta lusikaga kahte määritud 450 g/1 naela pätsivormi (pannid) ja aseta suurde kastrulisse, mis on täidetud nii palju keeva veega, et see ulatuks vormide külgede poole. Kata kaanega ja hauta 2 tundi, vajadusel lisa keeva veega. Enne keeramist ja lõikamist lase vormides jahtuda.

Täistera tšapatis

Teeb 12

225 g / 8 untsi / 2 tassi täistera nisujahu

5 ml / 1 tl soola

150 ml / ¼ pt / 2/3 tassi vett

Sega kausis jahu ja sool, seejärel töötle järk-järgult vees, kuni saad tihke taigna. Jaga 12 tükiks ja rulli jahusel tööpinnal õhukeseks. Määri pann (pann) või paksupõhjaline küpsetusplaat ja prae (prae) keskmisel kuumusel paar chapatit korraga, kuni alumised küljed on pruunid. Pöörake ümber ja praege ka teine pool, kuni see on kergelt pruunikas. Hoidke chapatit ülejäänud küpsetamise ajal soojas. Serveeri soovi korral võiga määritult ühelt poolt.

Täistera puris

Teeb 8

100 g / 4 untsi / 1 tass täistera (täistera)jahu

100 g / 4 untsi / 1 tass tavalist jahu (universaalne)

2,5 ml / ½ tl soola

25 g/2 spl võid või margariini, sulatatud

150 ml / ¼ pt / 2/3 tassi vett

Õli praadimiseks

Sega jahu ja sool ning tee keskele süvend. Vala sisse või või margariin. Lisa vähehaaval vesi ja sega ühtlaseks tainaks. Sõtku 5-10 minutit, kata niiske lapiga ja lase 15 minutit seista.
Jagage tainas kaheksaks tükiks ja rullige iga tainas õhukeseks 13 cm/5 tolliseks paberiks. Kuumutage õli suurel paksupõhjalisel pannil (pannil) ja prae (hautage) purisid üks-kaks korraga, kuni need on paisunud ning krõbedad ja kuldpruunid. Nõruta majapidamispaberil (paberist käterätikud).

mandli küpsised

Teeb 24

100 g/4 untsi/½ tassi võid või margariini, pehmendatud

50 g/2 untsi/¼ tassi (ülipeent) suhkrut

100 g / 4 untsi / 1 tass isekerkivat (isekerkivat) jahu

25 g/1 unts/¼ tassi jahvatatud mandleid

Paar tilka mandli essentsi (ekstrakt)

Vahusta või või margariin ja suhkur heledaks ja kohevaks vahuks. Sega jahu, jahvatatud mandlid ja mandlisesents kõvaks. Vormige suured kreeka pähkli suurused pallid ja asetage need hästi üksteisest võiga määritud ahjuplaadile (küpsised), seejärel suruge need kergelt kahvliga lamedamaks. Küpseta küpsiseid (küpsiseid) eelkuumutatud ahjus temperatuuril 180°C/350°F/gaasimärk 4 15 minutit, kuni need on kuldpruunid.

Mandli lokid

Teeb 30

100 g / 4 untsi / 1 tass tükeldatud (tükeldatud) mandleid

100 g/4 untsi/½ tassi võid või margariini

100 g/4 untsi/½ tassi (ülipeent) suhkrut

30 ml/2 spl piima

15–30 ml/1–2 spl tavalist jahu

Pane mandlid, või või margariin, suhkur ja piim 15 ml/1 spl jahuga pannile. Kuumuta õrnalt segades, kuni segu on segunenud, lisades vajadusel ülejäänud jahu, et segu koos hoida. Asetage lusikad õigete vahedega määritud ja jahuga ülepuistatud küpsetusplaadile ning küpsetage eelkuumutatud ahjus temperatuuril 180°C/350°F/gaasimärk 4 8 minutit, kuni need on kergelt pruunid. Lase ahjuplaadil umbes 30 sekundit jahtuda, seejärel vormi puulusika käepideme ümber lokid. Kui need muutuvad vormimiseks liiga külmaks, pange need enne ülejäänud vormimist mõneks sekundiks ahju tagasi soojendama.

mandli rõngad

Teeb 24

100 g/4 untsi/½ tassi võid või margariini, pehmendatud

100 g/4 untsi/½ tassi (ülipeent) suhkrut

1 muna, eraldatud

225 g/8 untsi/2 tassi tavalist jahu (universaalne)

5 ml/1 tl küpsetuspulbrit

5 ml/1 tl riivitud sidrunikoort

50 g/2 untsi/½ tassi tükeldatud (tükeldatud) mandleid

Piserdamiseks tuhksuhkur (ülipeen).

Vahusta või või margariin ja suhkur heledaks ja kohevaks vahuks. Klopi vähehaaval sisse munakollane, seejärel töötle jahu, küpsetuspulber ja sidrunikoor ning viimistle kätega, kuni segu pakseneb. Rulli 5 mm paksuseks ja lõika küpsisevormiga (küpsised) 6 cm ringideks, seejärel lõika 2 cm lõikuriga keskkohad välja. Aseta küpsised üksteisest hästi määritud ahjuplaadile ja torgi kahvliga läbi. Küpseta eelkuumutatud ahjus 180°C/350°F/gaasimärgis 4 10 minutit. Pintselda munavalgega, puista üle mandlite ja suhkruga ning tõsta siis veel 5 minutiks ahju, kuni see on kergelt kuldpruun.

Vahemere mandlilõhed

Teeb 24

2 muna, eraldatud

175 g/6 untsi/1 tass tuhksuhkrut (kondiitritele), sõelutud

10 ml/2 tl küpsetuspulbrit

½ sidruni riivitud koor

Paar tilka vaniljeessentsi (ekstrakt)

400 g/14 untsi/3½ tassi jahvatatud mandleid

Vahusta munakollased ja üks munavalge suhkruga kahvatuks ja kohevaks vahuks. Klopi sisse kõik ülejäänud ained ja sega tugevaks tainaks. Veereta kreeka pähkli suurused pallid ja aseta võiga määritud ahjuplaadile (küpsised), vajuta õrnalt lapikuks. Küpsetage eelkuumutatud ahjus temperatuuril 180 °C/350 °F/gaasimärk 4 15 minutit, kuni see on kuldpruun ja pealispinnal pragunenud.

Mandli ja šokolaadi küpsised

Teeb 24

50 g/2 untsi/¼ tassi võid või margariini, pehmendatud

75 g/3 untsi/1/3 tassi tuhksuhkrut (ülipeent).

1 väike muna, lahtiklopitud

100 g / 4 untsi / 1 tass tavalist jahu (universaalne)

2,5 ml/½ tl küpsetuspulbrit

25 g/1 unts/¼ tassi jahvatatud mandleid

25 g/1 unts/¼ tassi tumedat (poolmagusat) šokolaadi, riivitud

Vahusta või või margariin ja suhkur heledaks ja kohevaks vahuks. Löö vähehaaval sisse muna ja sega hulka ülejäänud ained, kuni moodustub parajalt jäik tainas. Kui segu on liiga niiske, lisa veel veidi jahu. Mähi toidukilesse (kile) ja lase 30 minutit jahtuda.

Rulli tainas silindrikujuliseks ja lõika 1 cm/½ viiludeks. Asetage hästi vahedega määritud küpsetusplaadile (küpsised) ja küpsetage eelkuumutatud ahjus temperatuuril 190 °C/375 °F/gaasimärk 5 10 minutit.

Amish puuvilja- ja pähkliküpsised

Teeb 24

100 g/4 untsi/½ tassi võid või margariini, pehmendatud

175 g/6 untsi/¾ tassi (ülipeent) suhkrut

1 muna

75 ml/5 spl piima

75 g/3 untsi/¼ tassi musta siirup (melass)

250 g/9 untsi/2¼ tassi tavalist jahu (universaalne)

10 ml/2 tl küpsetuspulbrit

15 ml/1 spl jahvatatud kaneeli

10 ml/2 tl bikarbonaati (söögisoodat)

2,5 ml/½ tl riivitud muskaatpähklit

50 g/2 untsi/½ tassi keskmist kaerahelbeid

50 g/2 untsi/1/3 tassi rosinaid

25 g/1 unts/¼ tassi hakitud segatud pähkleid

Vahusta või või margariin ja suhkur heledaks ja kohevaks vahuks. Klopi juurde järk-järgult muna, seejärel piim ja siirup. Sega ülejäänud ained sisse ja sõtku tugevaks tainaks. Lisage veidi rohkem piima, kui segu on töötamiseks liiga jäik, või veidi rohkem jahu, kui see on liiga kleepuv; tekstuur sõltub kasutatavast jahust. Rulli tainas umbes 5 mm paksuseks ja lõika sellest keeksivormiga ringid. Asetage võiga määritud küpsetusplaadile (küpsised) ja küpsetage eelkuumutatud ahjus temperatuuril 180°C/350°F/gaasimärk 4 10 minutit, kuni need on kuldpruunid.

Aniisiküpsised

Teeb 16

175 g/6 untsi/¾ tassi (ülipeent) suhkrut

2 munavalget

1 muna

100 g / 4 untsi / 1 tass tavalist jahu (universaalne)

5 ml/1 tl jahvatatud aniisiseemneid

Vahusta suhkur, munavalge ja muna 10 minutit. Vispelda vähehaaval juurde jahu ja sega hulka aniis. Tõsta segu lusikaga 450 g/1 naela kaaluvasse leivavormi ja küpseta eelkuumutatud ahjus 180°C/350°F/Gas Mark 4 juures 35 minutit, kuni keskele torgatud varras tuleb puhtana välja. Eemalda vormist ja lõika 1 cm/½ viiludeks. Tõsta küpsised (küpsised) külgedele võiga määritud ahjuplaadile (küpsised) ja tõsta poole pealt keerates ahju tagasi veel 10 minutiks.

Banaani-, kaera- ja apelsinimahla küpsised

Teeb 24

100 g/4 untsi/½ tassi võid või margariini, pehmendatud

100 g küpseid banaane, purustatud

120 ml/4 fl untsi/½ tassi apelsinimahla

4 munavalget, kergelt vahustatud

10 ml/2 tl vaniljeessentsi (ekstrakt)

5 ml/1 tl peeneks riivitud apelsinikoort

225 g/8 untsi/2 tassi kaerahelbeid

225 g/8 untsi/2 tassi tavalist jahu (universaalne)

5 ml/1 tl bikarbonaati (söögisoodat)

5 ml/1 tl riivitud muskaatpähklit

Näputäis soola

Vahusta või või margariin pehmeks, seejärel sega hulka banaanid ja apelsinimahl. Sega munavalged, vaniljeessents ja apelsinikoor ning sega banaanisegusse ning seejärel ülejäänud koostisained. Tõsta lusikatäied küpsetusplaatidele ja küpseta eelkuumutatud ahjus temperatuuril 180°C/350°F/gaasimärk 4 20 minutit, kuni need on kuldpruunid.

Põhiküpsised

Teeb 40

100 g/4 untsi/½ tassi võid või margariini, pehmendatud

100 g/4 untsi/½ tassi (ülipeent) suhkrut

1 muna, lahtiklopitud

5 ml/1 tl vaniljeessentsi (ekstrakt)

225 g/8 untsi/2 tassi tavalist jahu (universaalne)

Vahusta või või margariin ja suhkur heledaks ja kohevaks vahuks. Löö vähehaaval juurde muna ja vaniljeessents, seejärel sega hulka jahu ja sõtku ühtlaseks tainaks. Veereta palliks, mässi toidukilesse (kile) ja lase 1 tund jahtuda.

Rulli tainas 5 mm paksuseks ja lõika sellest keeksivormiga ringid. Laota rasvainega määritud küpsetusplaadile ja küpseta eelkuumutatud ahjus 200°C/400°F/gaasitähis 6 10 minutit, kuni need on kuldpruunid. Lase plaadil 5 minutit jahtuda, enne kui tõstad restile jahtuma.

Krõmpsuvad kliiküpsised

Teeb 16

100 g / 4 untsi / 1 tass täistera (täistera)jahu

100 g/4 untsi/½ tassi pehmet pruuni suhkrut

25 g/1 untsi/¼ tassi kaerahelbeid

25 g/1 unts/½ tassi kliisid

5 ml/1 tl bikarbonaati (söögisoodat)

5 ml/1 tl ingveripulbrit

100 g/4 untsi/½ tassi võid või margariini

15 ml/1 spl kuldset (hele maisi) siirupit

15 ml/1 spl piima

Sega kuivained omavahel. Sulata või siirupi ja piimaga ning seejärel sega kuivainetega, et tekiks tihke tainas. Asetage lusikatäied küpsisegu võiga määritud küpsetusplaadile ja küpsetage eelkuumutatud ahjus temperatuuril 160°C/325°F/gaasitärk 3 15 minutit, kuni need on kuldpruunid.

Seesamikliide küpsised

Teeb 12

225 g / 8 untsi / 2 tassi täistera nisujahu

5 ml/1 tl küpsetuspulbrit

25 g/1 unts/½ tassi kliisid

Näputäis soola

50 g/2 untsi/¼ tassi võid või margariini

45 ml/3 sl pehmet pruuni suhkrut

45 ml/3 spl sultani (kuldseid rosinaid)

1 muna, kergelt lahtiklopitud

120 ml / 4 fl untsi / ½ tassi piima

45 ml / 3 supilusikatäit seesamiseemneid

Sega jahu, küpsetuspulber, kliid ja sool ning hõõru või või margariiniga, kuni segu meenutab riivsaia. Sega hulka suhkur ja sultanad ning sega juurde muna ja piim nii palju, et moodustuks pehme, kuid mitte kleepuv tainas. Rulli 1 cm paksuseks ja lõika keeksivormiga ringid välja. Tõsta rasvainega määritud ahjuplaadile, pintselda piimaga ja puista üle seesamiseemnetega. Küpsetage eelkuumutatud ahjus temperatuuril 220°C/425°F/gaasimärk 7 10 minutit, kuni see on kuldpruun.

Brändiküpsised köömnetega

Teeb 30

25 g/2 spl võid või margariini, pehmendatud

75 g/3 untsi/1/3 tassi pehmet pruuni suhkrut

muna

10 ml/2 tl konjakit

175 g/6 untsi/1½ tassi universaalset jahu

10 ml/2 tl köömneid

5 ml/1 tl küpsetuspulbrit

Näputäis soola

Vahusta või või margariin ja suhkur heledaks ja kohevaks vahuks. Klopi juurde järk-järgult muna ja brändi, seejärel sega ülejäänud ained ja sega ühtlaseks tainaks. Mähi toidukilesse (kile) ja lase 30 minutit jahtuda.

Rulli tainas kergelt jahusel pinnal umbes 3 mm paksuseks ja lõika sellest keeksivormiga ringid. Asetage küpsised võiga määritud ahjuplaadile ja küpsetage eelkuumutatud ahjus 200°C/400°F/gaasimärgis 6 10 minutit.

Brandy Snaps

Teeb 30

100 g/4 untsi/½ tassi võid või margariini

100 g / 4 untsi / 1/3 tassi kuldset (hele maisi) siirupit

100 g/4 untsi/½ tassi demerara suhkrut

100 g / 4 untsi / 1 tass tavalist jahu (universaalne)

5 ml/1 tl ingveripulbrit

5 ml/1 tl sidrunimahla

Sulata pannil või või margariin, siirup ja suhkur. Laske veidi jahtuda, seejärel segage jahu ja ingver ning seejärel sidrunimahl. Tõsta teelusikatäied segu 10 cm vahedega määritud küpsetusplaatidele ja küpsetа eelkuumutatud ahjus temperatuuril 180°C/350°F/gaasimärk 4 8 minutit, kuni need on kuldpruunid. Lase minut jahtuda, siis tõsta küpsetusplaadilt viil ja keera ümber puulusika määritud käepideme. Eemalda lusika käepide ja jahuta restil. Kui klõpsud muutuvad enne vormimist liiga kõvaks, pange need minutiks tagasi ahju, et need soojeneda ja pehmeneda.

Võiküpsised

Teeb 24

100 g/4 untsi/½ tassi võid või margariini, pehmendatud

50 g/2 untsi/¼ tassi (ülipeent) suhkrut

1 sidruni riivitud koor

150 g/5 untsi/1¼ tassi isekerkivat jahu

Vahusta või või margariin ja suhkur heledaks ja kohevaks vahuks. Töötle sisse sidrunikoor, seejärel sega hulka jahu kõvaks massiks. Vormige suured kreeka pähkli suurused pallid ja asetage need hästi üksteisest võiga määritud ahjuplaadile (küpsised), seejärel suruge need kergelt kahvliga lamedamaks. Küpseta küpsiseid (küpsiseid) eelkuumutatud ahjus temperatuuril 180°C/350°F/gaasimärk 4 15 minutit, kuni need on kuldpruunid.

Butterscotchi küpsised

Teeb 40

100 g/4 untsi/½ tassi võid või margariini, pehmendatud

100 g/4 untsi/½ tassi tumedat pehmet pruuni suhkrut

1 muna, lahtiklopitud

1,5 ml/¼ tl vaniljeessentsi (ekstrakt)

225 g/8 untsi/2 tassi tavalist jahu (universaalne)

7,5 ml/1½ tl küpsetuspulbrit

Näputäis soola

Vahusta või või margariin ja suhkur heledaks ja kohevaks vahuks. Vahusta vähehaaval juurde muna ja vaniljeessents. Sega hulka jahu, küpsetuspulber ja sool. Vormi tainast kolm umbes 5 cm/2 läbimõõduga rulli, mässi kilesse (kile) ja pane 4 tunniks või üleöö külmkappi.

Lõika 3 mm/1/8 paksusteks viiludeks ja laota määrimata ahjuplaatidele. Küpseta küpsiseid (küpsiseid) eelkuumutatud ahjus temperatuuril 190°C/375°F/gaasimärk 5 10 minutit, kuni need on kergelt pruunid.

Karamelli küpsised

Teeb 30

50 g/2 untsi/¼ tassi võid või margariini, pehmendatud

50 g/2 untsi/¼ tassi seapekk (lühenemine)

225 g/8 untsi/1 tass pehmet pruuni suhkrut

1 muna, kergelt lahtiklopitud

175 g/6 untsi/1½ tassi universaalset jahu

1,5 ml/¼ tl vesinikkarbonaati (söögisoodat)

1,5 ml/¼ tl tartarikoort

Näputäis riivitud muskaatpähklit

10 ml / 2 tl vett

2,5 ml/½ tl vaniljeessentsi (ekstrakt)

Vahusta või või margariin, seapekk ja suhkur heledaks ja kohevaks vahuks. Klopi järk-järgult sisse muna. Sega hulka jahu, sooda, tartar- ja muskaatpähkel, lisa vesi ja vaniljeessents ning sega pehmeks tainaks. Rulli vorstikujuliseks, keera toidukilesse (kilesse) ja pane külmkappi vähemalt 30 minutiks, soovitavalt kauemaks.

Lõika tainas 1 cm/½ viiludeks ja aseta võiga määritud ahjuplaadile (küpsised). Küpseta küpsiseid (küpsiseid) eelkuumutatud ahjus temperatuuril 180°C/350°F/gaasimärk 4 10 minutit, kuni need on kuldpruunid.

Porgandi- ja pähkliküpsised

Teeb 48

175 g/6 untsi/¾ tassi võid või margariini, pehmendatud

100 g/4 untsi/½ tassi pehmet pruuni suhkrut

50 g/2 untsi/¼ tassi (ülipeent) suhkrut

1 muna, kergelt lahtiklopitud

225 g/8 untsi/2 tassi tavalist jahu (universaalne)

5 ml/1 tl küpsetuspulbrit

2,5 ml / ½ tl soola

100 g/4 untsi/½ tassi püreestatud keedetud porgandit

100 g / 4 untsi / 1 tass kreeka pähkleid, hakitud

Vahusta või või margariin ja suhkrud heledaks ja kohevaks vahuks. Klopi sisse järk-järgult muna, seejärel sega hulka jahu, küpsetuspulber ja sool. Murra sisse püreestatud porgand ja kreeka pähklid. Tõsta väikesed lusikatäied võiga määritud ahjuplaadile ja küpseta eelkuumutatud ahjus temperatuuril 200°C/400°F/gaasimärgis 6 10 minutit.

Porgandi- ja pähkliküpsised apelsinijäätisega

Teeb 48

Küpsiste (küpsiste) jaoks:

175 g/6 untsi/¾ tassi võid või margariini, pehmendatud

100 g/4 untsi/½ tassi (ülipeent) suhkrut

50 g/2 untsi/¼ tassi pehmet pruuni suhkrut

1 muna, kergelt lahtiklopitud

225 g/8 untsi/2 tassi tavalist jahu (universaalne)

5 ml/1 tl küpsetuspulbrit

2,5 ml / ½ tl soola

5 ml/1 tl vaniljeessentsi (ekstrakt)

100 g / tassi keedetud porgandipüree

100 g / 4 untsi / 1 tass kreeka pähkleid, hakitud

Glasuuriks (glasuuriks):

175 g/6 untsi/1 tass tuhksuhkrut (kondiitritele), sõelutud

10 ml/2 tl riivitud apelsinikoort

30 ml/2 spl apelsinimahla

Küpsiste jaoks vahusta või või margariin ja suhkrud heledaks ja kohevaks vahuks. Klopi sisse järk-järgult muna, seejärel sega hulka jahu, küpsetuspulber ja sool. Voldi sisse vanilliessents, püreestatud porgand ja kreeka pähklid. Tõsta väikesed lusikatäied võiga määritud ahjuplaadile ja küpseta eelkuumutatud ahjus temperatuuril 200°C/400°F/gaasimärgis 6 10 minutit.

Glasuuri jaoks pane kaussi tuhksuhkur, sega juurde apelsinikoor ja tee keskele süvend. Töötle apelsinimahlaga vähehaaval, kuni saad ühtlase, kuid üsna paksu glasuuri. Jaga küpsised veel soojaks, lase jahtuda ja taheneda.

Kirsiküpsised

Teeb 48

100 g/4 untsi/½ tassi võid või margariini, pehmendatud

100 g/4 untsi/½ tassi (ülipeent) suhkrut

1 muna, lahtiklopitud

5 ml/1 tl vaniljeessentsi (ekstrakt)

225 g/8 untsi/2 tassi tavalist jahu (universaalne)

50 g/2 untsi/¼ tassi glace (suhkrustatud) kirsse, tükeldatud

Vahusta või või margariin ja suhkur heledaks ja kohevaks vahuks. Löö vähehaaval sisse muna ja vaniljeessents, seejärel sega hulka jahu ja kirsid ning sõtku ühtlaseks tainaks. Veereta palliks, mässi toidukilesse (kile) ja lase 1 tund jahtuda.

Rulli tainas 5 mm paksuseks ja lõika sellest keeksivormiga ringid. Laota rasvainega määritud küpsetusplaadile ja küpseta eelkuumutatud ahjus 200°C/400°F/gaasitähis 6 10 minutit, kuni need on kuldpruunid. Lase plaadil 5 minutit jahtuda, enne kui tõstad restile jahtuma.

Kirsi- ja mandlirõngad

Teeb 24

100 g/4 untsi/½ tassi võid või margariini, pehmendatud

100 g / 4 untsi / ½ tassi (ülipeent) suhkrut, lisaks piserdamiseks

1 muna, eraldatud

225 g/8 untsi/2 tassi tavalist jahu (universaalne)

5 ml/1 tl küpsetuspulbrit

5 ml/1 tl riivitud sidrunikoort

60 ml/4 spl glacé (suhkrustatud) kirsse

50 g/2 untsi/½ tassi tükeldatud (tükeldatud) mandleid

Vahusta või või margariin ja suhkur heledaks ja kohevaks vahuks. Klopi vähehaaval sisse munakollane, seejärel sega kätega jahu, küpsetuspulber, sidrunikoor ja kirsid, kuni segu pakseneb. Rulli lahti 5 mm paksuseks ja lõika küpsisevormiga (küpsised) 6 cm/2¼ ringideks, seejärel lõika keskkohad 2 cm lõikuriga välja. Aseta küpsised üksteisest hästi määritud ahjuplaadile ja torgi kahvliga läbi. Küpseta eelkuumutatud ahjus 180°C/350°F/gaasimärgis 4 10 minutit. Pintselda munavalgega ning puista üle mandlite ja suhkruga, seejärel pane veel 5 minutiks ahju tagasi, kuni see on kergelt kuldpruun.

Šokolaadivõiküpsised

Teeb 24

100 g/4 untsi/½ tassi võid või margariini

50 g/2 untsi/¼ tassi (ülipeent) suhkrut

100 g / 4 untsi / 1 tass isekerkivat (isekerkivat) jahu

30 ml/2 spl kakaopulbrit (magustamata šokolaad)

Vahusta või või margariin ja suhkur heledaks ja kohevaks vahuks. Sega jahu ja kakao kõvaks. Vormige suured kreeka pähkli suurused pallid ja asetage need hästi üksteisest võiga määritud ahjuplaadile (küpsised), seejärel suruge need kergelt kahvliga lamedamaks. Küpseta küpsiseid (küpsiseid) eelkuumutatud ahjus temperatuuril 180°C/350°F/gaasimärk 4 15 minutit, kuni need on pruunistunud.

Šokolaadi- ja kirsikuklid

Teeb 24

100 g/4 untsi/½ tassi võid või margariini, pehmendatud

100 g/4 untsi/½ tassi (ülipeent) suhkrut

1 muna

2,5 ml/½ tl vaniljeessentsi (ekstrakt)

225 g/8 untsi/2 tassi tavalist jahu (universaalne)

5 ml/1 tl küpsetuspulbrit

Näputäis soola

25 g/1 unts/¼ tassi kakaopulbrit (magustamata šokolaad)

25 g/2 spl suhkrustatud (suhkrustatud) kirsse, tükeldatud

Vahusta või ja suhkur heledaks ja kohevaks vahuks. Vahusta vähehaaval juurde muna ja vaniljeessents, seejärel sega juurde jahu, küpsetuspulber ja sool, et moodustuks tihke tainas. Jaga tainas pooleks ning sega ühte poole kakao ja teise poole kirsid. Mähi toidukilesse (kile) ja lase 30 minutit jahtuda.

Rulli iga taignatükk umbes 3 mm paksuseks ristkülikuks, aseta üks tükk teise peale ja suru taignarulliga õrnalt alla. Rulli pikimast küljest kokku ja vajuta õrnalt. Lõika paksudeks 1 cm/½ viiludeks ja laota need hästi üksteisest rasvaga määritud ahjuplaadile. Küpseta eelkuumutatud ahjus 200°C/400°F/gaasimärgis 6 10 minutit.

Šokolaadiküpsised

Teeb 24

75 g/3 untsi/1/3 tassi võid või margariini

175 g/6 untsi/1½ tassi universaalset jahu

5 ml/1 tl küpsetuspulbrit

Näputäis naatriumvesinikkarbonaati (söögisoodat)

50 g/2 untsi/¼ tassi pehmet pruuni suhkrut

45 ml/3 spl kuldset (kerge maisi) siirupit

100 g / 4 untsi / 1 tass šokolaaditükke

Hõõru võid või margariini jahu, küpsetuspulbri ja sooda hulka, kuni segu meenutab riivsaia. Sega juurde suhkur, siirup ja šokolaadilaastud ning sega ühtlaseks massiks. Vormi väikesed pallid ja laota võiga määritud ahjuplaadile (küpsised), vajuta kergelt lamedamaks. Küpseta küpsiseid (küpsiseid) eelkuumutatud ahjus temperatuuril 190°C/375°F/gaasimärk 5 15 minutit, kuni need on kuldpruunid.

Küpsised šokolaadi ja banaanilaastudega

Teeb 24

75 g/3 untsi/1/3 tassi võid või margariini

175 g/6 untsi/1½ tassi universaalset jahu

5 ml/1 tl küpsetuspulbrit

2,5 ml/½ tl bikarbonaati (söögisoodat)

50 g/2 untsi/¼ tassi pehmet pruuni suhkrut

45 ml/3 spl kuldset (kerge maisi) siirupit

50 g/2 untsi/½ tassi šokolaaditükke

50 g/2 untsi/½ tassi kuivatatud banaanilaaste, jämedalt hakitud

Hõõru võid või margariini jahu, küpsetuspulbri ja sooda hulka, kuni segu meenutab riivsaia. Sega juurde suhkur, siirup, šokolaad ja banaanilaastud ning sega ühtlaseks massiks. Vormi väikesed pallid ja laota võiga määritud ahjuplaadile (küpsised), vajuta kergelt lamedamaks. Küpseta küpsiseid (küpsiseid) eelkuumutatud ahjus temperatuuril 190°C/375°F/gaasimärk 5 15 minutit, kuni need on kuldpruunid.

Šokolaadi ja pähklite suupisted

Teeb 24

50 g/2 untsi/¼ tassi võid või margariini, pehmendatud

175 g/6 untsi/¾ tassi (ülipeent) suhkrut

1 muna

5 ml/1 tl vaniljeessentsi (ekstrakt)

25 g/1 unts/¼ tassi tumedat (poolmagusat) šokolaadi, sulatatud

100 g / 4 untsi / 1 tass tavalist jahu (universaalne)

5 ml/1 tl küpsetuspulbrit

Näputäis soola

30 ml/2 spl piima

25 g/1 unts/¼ tassi hakitud segatud pähkleid

Tuhksuhkur (kondiitri)suhkur, sõelutud, tolmutamiseks

Vahusta või või margariin ja tuhksuhkur heledaks ja õhuliseks vahuks. Löö vähehaaval juurde muna ja vaniljeessents, seejärel sega hulka šokolaad. Sega jahu, küpsetuspulber ja sool ning sega vaheldumisi piimaga segu hulka. Sega hulka pähklid, kata kaanega ja pane 3 tunniks külmkappi.

Veereta segust 3 cm/1½ pallikesed ja veereta neid tuhksuhkrus. Asetage kergelt rasvainega määritud ahjuplaadile (küpsised) ja küpsetage eelsoojendatud ahjus temperatuuril 180°C/350°F/gaasmärk 4 15 minutit, kuni see on kergelt pruunistunud. Serveeri tuhksuhkruga üle puistatuna.

Ameerika šokolaadiküpsised

Teeb 20

225 g/8 untsi/1 tass seapekk (lühenemine)

225 g/8 untsi/1 tass pehmet pruuni suhkrut

100 g/4 untsi/½ tassi granuleeritud suhkrut

5 ml/1 tl vaniljeessentsi (ekstrakt)

2 muna, kergelt lahtiklopitud

175 g/6 untsi/1½ tassi universaalset jahu

5 ml / 1 tl soola

5 ml/1 tl bikarbonaati (söögisoodat)

225 g/8 untsi/2 tassi kaerahelbeid

350g/12oz/3 tassi šokolaaditükke

Vahusta seapekk, suhkrud ja vaniljeessents heledaks ja kohevaks vahuks. Löö vähehaaval sisse munad. Sega hulka jahu, sool, soodavesinikkarbonaat ja kaer ning seejärel šokolaaditükid. Tõsta lusikatäied segu võiga määritud küpsetusplaatidele ja küpseta eelkuumutatud ahjus temperatuuril 180°C/350°F/gaasmärk 4 umbes 10 minutit, kuni need on kuldpruunid.

Šokolaadi kreemid

Teeb 24

175 g/6 untsi/¾ tassi võid või margariini, pehmendatud

175 g/6 untsi/¾ tassi (ülipeent) suhkrut

225 g / 8 untsi / 2 tassi isekerkivat (isekerkivat) jahu

75 g/3 untsi/¾ tassi kuivatatud (hakitud) kookospähklit

100 g/4 untsi/4 tassi purustatud maisihelbeid

25 g/1 unts/¼ tassi kakaopulbrit (magustamata šokolaad)

60 ml/4 spl keeva veega

100 g/4 untsi/1 tass tumedat (poolmagusat) šokolaadi

Sega omavahel või või margariin ja suhkur ning sega hulka jahu, kookospähkel ja maisihelbed. Sega kakao keeva veega ja sega seejärel segusse. Rullige 2,5 cm pallideks, asetage võiga määritud ahjuplaadile (biskviit) ja suruge kergelt kahvliga lamedamaks. Küpseta eelkuumutatud ahjus 180°C/350°F/gaasimärgis 4 15 minutit, kuni see on kuldpruun.

Sulata šokolaad kuumakindlas kausis keeva vee panni kohal. Määri pooled küpsised (küpsised) pealt ja suru peale teine pool. Lase jahtuda.

Šokolaadilaastud ja sarapuupähkliküpsised

Teeb 16

200 g/7 untsi skaneeringu kohta 1 tass võid või margariini, pehmendatud

50 g/2 untsi/¼ tassi (ülipeent) suhkrut

100 g/4 untsi/½ tassi pehmet pruuni suhkrut

10 ml/2 tl vaniljeessentsi (ekstrakt)

1 muna, lahtiklopitud

275 g/10 untsi/2½ tassi tavalist jahu (üldotstarbeline)

50 g/2 untsi/½ tassi kakaopulbrit (magustamata šokolaad)

5 ml/1 tl küpsetuspulbrit

75 g/3 untsi/¾ tassi sarapuupähkleid

225 g / 8 untsi / 2 tassi valget šokolaadi, tükeldatud

Vahusta või või margariin, suhkrud ja vaniljeessents kahvatuks ja kohevaks ning klopi hulka muna. Sega juurde jahu, kakao ja küpsetuspulber. Sega hulka pähklid ja šokolaad, kuni segu seostub. Vormi 16 palli ja aseta need ühtlaselt määritud küpsetuspaberiga kaetud ahjuplaadile (küpsised), seejärel lusikaseljaga veidi lapikuks. Küpsetage eelkuumutatud ahjus temperatuuril 160 °C/325 °F/gaasitähis 3 umbes 15 minutit, kuni see on läbiküpsenud, kuid siiski kergelt pehme.

Šokolaadi- ja muskaatpähkel küpsised

Teeb 24

50 g/2 untsi/¼ tassi võid või margariini, pehmendatud

100 g/4 untsi/½ tassi (ülipeent) suhkrut

15 ml/1 spl kakaopulbrit (magustamata šokolaad)

1 munakollane

2,5 ml/½ tl vaniljeessentsi (ekstrakt)

150 g/5 untsi/1¼ tassi tavalist jahu (üldotstarbeline)

5 ml/1 tl küpsetuspulbrit

Näputäis riivitud muskaatpähklit

60 ml/4 spl hapu (piimahapu)koort

Vahusta või või margariin ja suhkur heledaks ja kohevaks vahuks. Sega hulka kakao. Klopi sisse munakollane ja vaniljeessents, seejärel sega juurde jahu, küpsetuspulber ja muskaatpähkel. Sega hulka koor ühtlaseks massiks. Kata ja lase jahtuda.

Rulli tainas 5 mm paksuseks ja lõika 5 cm lõikuriga välja. Asetage küpsised (küpsised) määrimata küpsetusplaadile (küpsised) ja küpsetage eelkuumutatud ahjus temperatuuril 200°C/400°F/gaasimärk 6 10 minutit, kuni need on kuldpruunid.

Küpsised šokolaadikattega

Teeb 16

175 g/6 untsi/¾ tassi võid või margariini, pehmendatud

75 g/3 untsi/1/3 tassi tuhksuhkrut (ülipeent).

175 g/6 untsi/1½ tassi universaalset jahu

50 g/2 untsi/½ tassi jahvatatud riisi

75 g/3 untsi/¾ tassi šokolaaditükke

100 g/4 untsi/1 tass tumedat (poolmagusat) šokolaadi

Vahusta või või margariin ja suhkur heledaks ja kohevaks vahuks. Sega hulka jahu ja jahvatatud riis ning sõtku hulka šokolaaditükid. Suru võiga määritud Šveitsi rullvormi (tarretisrullpann) ja torgi kahvliga läbi. Küpseta eelkuumutatud ahjus 160°C/325°F/gaasimärgis 3 30 minutit, kuni see on kuldpruun. Märkige sõrmedesse, kuni see on veel soe, seejärel laske täielikult jahtuda.

Sulata šokolaad kuumakindlas kausis keeva vee panni kohal. Jaga küpsiste (küpsiste) vahel ja lase enne näppudeks lõikamist jahtuda ja tarduda. Hoida õhukindlas anumas.

Võileivaküpsised kohvi ja šokolaadiga

Teeb 40

Küpsiste (küpsiste) jaoks:

175 g/6 untsi/¾ tassi võid või margariini

25 g/1 untsi/2 supilusikatäit seapekki (lühenemine)

450 g/1 nael/4 tassi tavalist jahu (universaalne)

Näputäis soola

100 g/4 untsi/½ tassi pehmet pruuni suhkrut

5 ml/1 tl bikarbonaati (söögisoodat)

60 ml/4 spl kanget musta kohvi

5 ml/1 tl vaniljeessentsi (ekstrakt)

100 g / 4 untsi / 1/3 tassi kuldset (hele maisi) siirupit

Täidise jaoks:

10 ml/2 tl lahustuvat kohvipulbrit

10 ml/2 tl keeva veega

50 g/2 untsi/¼ tassi (ülipeent) suhkrut

25 g/2 spl võid või margariini

15 ml/1 spl piima

Küpsiste valmistamiseks hõõru või või margariin ja seapekk jahu ja soola hulka, kuni segu meenutab riivsaia, seejärel sega juurde fariinsuhkur. Sega bikarbonaat vähese kohviga, seejärel sega segusse ülejäänud kohvi, vaniljeessentsi ja siirupiga ning sega ühtlaseks tainaks. Aseta kergelt õlitatud kaussi, kata toidukilega (kile) ja jäta üleöö seisma.

Rulli tainas kergelt jahusel pinnal umbes 1 cm paksuseks ja lõika 2 x 7,5 cm ristkülikuteks. Lõika igale poole kahvliga, et tekiks soonikkoes. Asetage rasvainega määritud ahjuplaadile (küpsised) ja küpsetage eelkuumutatud ahjus 200°C/400°F/gaasimärk 6 10 minutit, kuni need on kuldpruunid. Lase restil jahtuda.

Täidise valmistamiseks lahusta kohvipulber väikeses kastrulis keevas vees, sega hulka ülejäänud ained ja kuumuta keemiseni. Keeda 2 minutit, seejärel eemalda tulelt ja vahusta, kuni see on paks ja jahtunud. Võileivapaarid küpsiseid koos täidisega.

Jõuluküpsised

Teeb 24

100 g/4 untsi/½ tassi võid või margariini, pehmendatud

100 g/4 untsi/½ tassi (ülipeent) suhkrut

225 g/8 untsi/2 tassi tavalist jahu (universaalne)

Näputäis soola

5 ml/1 tl jahvatatud kaneeli

1 munakollane

10 ml/2 tl külma vett

Paar tilka vaniljeessentsi (ekstrakt)

Glasuuriks (glasuuriks):

225 g/8 untsi/11/3 tassi tuhksuhkrut (kondiitritooted), sõelutud

30 ml/2 spl vett

Toiduvärv (valikuline)

Vahusta või ja suhkur heledaks ja kohevaks vahuks. Sega hulka jahu, sool ja kaneel, sega hulka munakollane, vesi ja vaniljeessents ning sega tihkeks tainaks. Mähi toidukilesse (kile) ja lase 30 minutit jahtuda.

Rulli tainas 5 mm/¼ paksuseks ja lõika vormide või terava noaga jõulukujud välja. Torke iga küpsise otsa auk, kui soovite need puu otsa riputada. Asetage vormid võiga määritud küpsetusplaadile ja küpsetage eelkuumutatud ahjus temperatuuril 200°C/400°F/gaasimärk 6 10 minutit, kuni need on kuldpruunid. Lase jahtuda.

Glasuuri valmistamiseks sega järk-järgult vesi tuhksuhkruga, kuni saad parajalt paksu glasuuri. Värvige soovi korral väikesed partiid erinevates värvides. Toru mustrid küpsistele ja lase neil taheneda. Keerake paela või niidi aas läbi riputamise augu.

Kookose küpsised

Teeb 32

50 g/2 untsi/3 spl kuldset (hele maisi) siirupit

150 g/5 untsi/2/3 tassi võid või margariini

100 g/4 untsi/½ tassi (ülipeent) suhkrut

100 g / 4 untsi / 1 tass tavalist jahu (universaalne)

75 g/3 untsi/¾ tassi kaerahelbeid

50 g/2 untsi/½ tassi kuivatatud (hakitud) kookospähklit

10 ml/2 tl bikarbonaati (söögisoodat)

15 ml/1 spl kuuma vett

Sulata siirup, või või margariin ja suhkur koos. Sega hulka jahu, kaer ja kuivatatud kookospähkel. Segage söögisoodat kuuma veega, seejärel segage ülejäänud koostisosad. Lase segul veidi jahtuda, jaga 32 tükiks ja veereta igaüks palliks. Tasandage küpsised (küpsised) ja laotage võiga määritud ahjuplaatidele (küpsised). Küpseta eelkuumutatud ahjus 160°C/325°F/gaasitähis 3 20 minutit, kuni see on kuldpruun.

Maisikoogid puuviljakreemiga

Teeb 12

150 g/5 untsi/1¼ tassi täisterajahu

150 g/5 untsi/1¼ tassi maisijahu

10 ml/2 tl küpsetuspulbrit

Näputäis soola

225 g/8 untsi/1 tass jogurtit

75 g/3 untsi/¼ tassi selget mett

2 muna

45 ml/3 spl õli

Puuviljakreemi jaoks:

150 g võid või margariini, pehmendatud

1 sidruni mahl

Paar tilka vaniljeessentsi (ekstrakt)

30 ml/2 supilusikatäit (ülipeent) tuhksuhkrut

225 g / 8 untsi maasikaid

Sega omavahel jahu, maisijahu, küpsetuspulber ja sool. Sega hulka jogurt, mesi, munad ja õli ning sega ühtlaseks massiks. Rulli kergelt jahusel pinnal umbes 1 cm paksuseks ja lõika suurteks ringideks. Asetage rasvainega määritud ahjuplaadile (küpsised) ja küpsetage eelkuumutatud ahjus 200°C/400°F/gaasimärk 6 15 minutit, kuni need on kuldpruunid.

Puuviljakreemi valmistamiseks sega või või margariin, sidrunimahl, vaniljeessents ja suhkur. Hoia kaunistuseks paar maasikat, ülejäänud püreesta ja hõõru läbi sõela (sõela), kui eelistad seemneteta kreemi. Sega võisegu hulka ja lase jahtuda. Enne serveerimist lusikaga või toruga koorega rosett iga küpsise peale.

Cornishi küpsised

Teeb 20

225 g / 8 untsi / 2 tassi isekerkivat (isekerkivat) jahu

Näputäis soola

100 g/4 untsi/½ tassi võid või margariini

175 g/6 untsi/2/3 tassi (ülipeent) suhkrut

1 muna

Tuhksuhkur (kondiitri)suhkur, sõelutud, tolmutamiseks

Sega kausis jahu ja sool ning hõõru või või margariiniga, kuni segu meenutab riivsaia. Sega juurde suhkur. Sega juurde muna ja sõtku pehmeks tainaks. Rulli kergelt jahusel pinnal õhukeseks ja lõika ringideks.

Asetage rasvainega määritud ahjuplaadile (küpsised) ja küpsetage eelkuumutatud ahjus 200°C/400°F/gaasimärk 6 umbes 10 minutit, kuni need on kuldpruunid.

Täisterast sõstraküpsised

Teeb 36

100 g/4 untsi/½ tassi võid või margariini, pehmendatud

50 g/2 untsi/¼ tassi demerara suhkrut

2 muna, eraldatud

100 g/4 untsi/2/3 tassi sõstraid

225 g / 8 untsi / 2 tassi täistera nisujahu

100 g / 4 untsi / 1 tass tavalist jahu (universaalne)

5 ml/1 tl jahvatatud segatud (õunakoogi) vürtse

150 ml/¼ pt/2/3 tassi piima, millele lisandub harjamise eest

Vahusta või või margariin ja suhkur heledaks ja kohevaks vahuks. Klopi sisse munakollased, seejärel sega sõstrad. Sega jahu ja segatud ürdid omavahel ning sega koos piimaga segusse. Vahusta munavalged pehmete tippudeni, seejärel sega need segusse, et moodustada pehme tainas. Rulli tainas kergelt jahusel pinnal lahti, seejärel lõika 5 cm/2-tollise küpsisevormiga välja. Aseta võiga määritud ahjuplaadile (küpsised) ja pintselda piimaga. Küpseta eelkuumutatud ahjus 180°C/350°F/gaasimärk 4 20 minutit, kuni see on kuldpruun.

Kuupäeva võileivaküpsised

Teeb 30

225 g/1 tass võid või margariini, pehmendatud

450 g/1 nael/2 tassi pehmet pruuni suhkrut

225 g/8 untsi/2 tassi kaerahelbeid

225 g/8 untsi/2 tassi tavalist jahu (universaalne)

2,5 ml/½ tl bikarbonaati (söögisoodat)

Näputäis soola

120 ml / 4 fl untsi / ½ tassi piima

225 g/8 untsi/2 tassi kivideta datleid, väga peeneks hakitud

250 ml/8 fl untsi/1 tass vett

Vahusta või või margariin ja pool suhkrust heledaks ja kohevaks vahuks. Sega kuivained omavahel ja lisa kooresegule vaheldumisi piimaga, kuni saad tihke taigna. Rulli kergelt jahusel laual lahti ja lõika biskviidilõikuriga ringid välja. Asetage võiga määritud küpsetusplaadile (küpsised) ja küpsetage eelkuumutatud ahjus temperatuuril 180°C/350°F/gaasimärk 4 10 minutit, kuni need on kuldpruunid.

Pange kõik ülejäänud koostisosad pannile ja laske keema tõusta. Alanda kuumust ja hauta aeg-ajalt segades 20 minutit, kuni see pakseneb. Lase jahtuda. Võileiva küpsised koos täidisega.

Seedimist soodustavad küpsised (Grahami kreekerid)

Teeb 24

175 g/6 untsi/1½ tassi täisteranisujahu

50 g/2 untsi/½ tassi tavalist jahu (üldotstarbeline)

50 g/2 untsi/½ tassi keskmist kaerahelbeid

2,5 ml / ½ tl soola

5 ml/1 tl küpsetuspulbrit

100 g/4 untsi/½ tassi võid või margariini

30 ml/2 sl pehmet pruuni suhkrut

60 ml / 4 supilusikatäit piima

Sega omavahel jahu, kaerahelbed, sool ja küpsetuspulber, seejärel hõõru hulka või või margariin ja sega hulka suhkur. Lisa vähehaaval piim ja sega pehmeks tainaks. Sõtku korralikult, kuni see ei ole enam kleepuv. Rulli 5 mm/¼ paksuseks ja lõika küpsetusvormiga 5 cm/2 suurusteks ringideks. Asetage võiga määritud küpsetusplaadile (küpsised) ja küpsetage eelkuumutatud ahjus 180°C/350°F/gaasimärk 4 umbes 15 minutit.

Lihavõtteküpsised

Teeb 20

75 g/3 untsi/1/3 tassi võid või margariini, pehmendatud

100 g/4 untsi/½ tassi (ülipeent) suhkrut

1 munakollane

150 g / 6 untsi / 1½ tassi isekerkivat (isekerkivat) jahu

5 ml/1 tl jahvatatud segatud (õunakoogi) vürtse

15 ml/1 spl hakitud segatud (summeeritud) koort

50 g/2 untsi/1/3 tassi sõstraid

15 ml/1 spl piima

Piserdamiseks tuhksuhkur (ülipeen).

Vahusta või või margariin ja suhkur kreemjaks. Klopi sisse munakollane, seejärel sega hulka jahu ja segatud ürdid. Sega hulka koor ja sõstrad nii palju piimaga, et tekiks jäik tainas. Rulli umbes 5 mm/¼ paksuseks ja lõika küpsisevormiga 5 cm/2 suurusteks ringideks. Tõsta küpsised võiga määritud ahjuplaadile (küpsised) ja torgi kahvliga läbi. Küpsetage eelkuumutatud ahjus temperatuuril 180°C/350°F/gaasimärk 4 umbes 20 minutit, kuni need on kuldpruunid. Puista üle suhkruga.

Firenzelased

Teeb 40

100 g/4 untsi/½ tassi võid või margariini

100 g/4 untsi/½ tassi (ülipeent) suhkrut

15 ml/1 spl topelt (rasket) koort

100 g/4 untsi/1 tass hakitud segatud pähkleid

75 g/3 untsi/½ tassi sultanasid (kuldseid rosinaid)

50 g/2 untsi/¼ tassi glace (suhkrustatud) kirsse

Sulata potis madalal kuumusel või või margariin, suhkur ja koor. Tõsta tulelt ja sega hulka pähklid, sultanad ja glasuuritud kirsid. Lahustage teelusikatäis hästi riisipaberiga vooderdatud võiga määritud ahjuplaatidele (küpsistele). Küpseta eelkuumutatud ahjus 180°C/350°F/gaasimärgis 4 10 minutit. Lase lehtedel 5 minutit jahtuda, seejärel tõsta restile jahtuma, lõigake ära liigne riisipaber.

Florentine šokolaad

Teeb 40

100 g/4 untsi/½ tassi võid või margariini

100 g/4 untsi/½ tassi (ülipeent) suhkrut

15 ml/1 spl topelt (rasket) koort

100 g/4 untsi/1 tass hakitud segatud pähkleid

75 g/3 untsi/½ tassi sultanasid (kuldseid rosinaid)

50 g/2 untsi/¼ tassi glace (suhkrustatud) kirsse

100 g/4 untsi/1 tass tumedat (poolmagusat) šokolaadi

Sulata potis madalal kuumusel või või margariin, suhkur ja koor. Tõsta tulelt ja sega hulka pähklid, sultanad ja glasuuritud kirsid. Lahustage teelusikatäis hästi riisipaberiga vooderdatud võiga määritud ahjuplaatidele (küpsistele). Küpseta eelkuumutatud ahjus 180°C/350°F/gaasimärgis 4 10 minutit. Lase lehtedel 5 minutit jahtuda, seejärel tõsta restile jahtuma, lõigake ära liigne riisipaber.

Sulata šokolaad kuumakindlas kausis tasakesi keeva veega pannil. Jaga küpsiste (küpsiste) vahel ja lase jahtuda ja tarduda.

Luksuslik šokolaad Firenze

Teeb 40

100 g/4 untsi/½ tassi võid või margariini

100 g/4 untsi/½ tassi pehmet pruuni suhkrut

15 ml/1 spl topelt (rasket) koort

50 g/2 untsi/¼ tassi mandleid, hakitud

50 g/2 untsi/¼ tassi sarapuupähkleid, hakitud

75 g/3 untsi/½ tassi sultanasid (kuldseid rosinaid)

50 g/2 untsi/¼ tassi glace (suhkrustatud) kirsse

100 g/4 untsi/1 tass tumedat (poolmagusat) šokolaadi

50 g/2 untsi/½ tassi valget šokolaadi

Sulata potis madalal kuumusel või või margariin, suhkur ja koor. Tõsta tulelt ja sega hulka pähklid, sultanad ja glasuuritud kirsid. Lahustage teelusikatäis hästi riisipaberiga vooderdatud võiga määritud ahjuplaatidele (küpsistele). Küpseta eelkuumutatud ahjus 180°C/350°F/gaasimärgis 4 10 minutit. Lase lehtedel 5 minutit jahtuda, seejärel tõsta restile jahtuma, lõigake ära liigne riisipaber.

Sulata tume šokolaad kuumakindlas kausis õrnalt podiseva vee panni kohal. Jaga küpsiste (küpsiste) vahel ja lase jahtuda ja tarduda. Sulata valge šokolaad puhtas kausis samal viisil, seejärel nirista valge šokolaadi jooned küpsistele juhusliku mustriga.

Fudge pähkli küpsised

Teeb 30

75 g/3 untsi/1/3 tassi võid või margariini, pehmendatud

200 g/7 untsi skaneeringu kohta 1 tass (ülipeent) tuhksuhkrut

1 muna, kergelt lahtiklopitud

100 g/4 untsi/½ tassi kodujuustu

5 ml/1 tl vaniljeessentsi (ekstrakt)

150 g/5 untsi/1¼ tassi tavalist jahu (üldotstarbeline)

25 g/1 unts/¼ tassi kakaopulbrit (magustamata šokolaad)

2,5 ml/½ tl küpsetuspulbrit

1,5 ml/¼ tl vesinikkarbonaati (söögisoodat)

Näputäis soola

25 g/1 unts/¼ tassi hakitud segatud pähkleid

25 g/1 untsi/2 spl granuleeritud suhkrut

Vahusta või või margariin ja tuhksuhkur heledaks ja õhuliseks vahuks. Sega vähehaaval hulka muna ja toorjuust. Sega juurde ülejäänud koostisosad, välja arvatud granuleeritud suhkur, ja sega pehmeks tainaks. Mähi toidukilesse (kile) ja lase 1 tund jahtuda. Veereta taignast kreeka pähkli suurused pallid ja veereta neid granuleeritud suhkrus. Asetage küpsised (küpsised) võiga määritud küpsetusplaadile (küpsised) ja küpsetage eelkuumutatud ahjus 180°C/350°F/gaasmärk 4 10 minutit.

Saksa jäätise küpsised

Teeb 12

50 g/2 untsi/¼ tassi võid või margariini

100 g / 4 untsi / 1 tass tavalist jahu (universaalne)

25 g/1 untsi/2 supilusikatäit (ülipeent) tuhksuhkrut

60 ml/4 spl murakamoosi (konserveeritud)

100 g tuhksuhkrut (kondiitritooted), sõelutud

15 ml/1 spl sidrunimahla

Hõõru võid jahu hulka, kuni segu meenutab riivsaia. Sega juurde suhkur ja suru pastaks. Rulli 5 mm/¼ paksuseks ja lõika biskviidilõikuriga ringid välja. Asetage määritud küpsiseplaadile (küpsised) ja küpsetage eelkuumutatud ahjus temperatuuril 180 °C/350 °F/gaasimärk 6 10 minutit, kuni see on külm. Lase jahtuda. Võileivapaarid küpsiseid koos moosiga. Pane tuhksuhkur kaussi ja tee keskele süvend. Glace glasuuri (glasuuri) saamiseks segage järk-järgult sisse sidrunimahl. Nirista küpsistele ja lase neil taheneda.

piparnapsud

Teeb 24

300 g/10 untsi/1¼ tassi võid või margariini, pehmendatud

225 g/8 untsi/1 tass pehmet pruuni suhkrut

75 g/3 untsi/¼ tassi musta siirup (melass)

1 muna

250 g/9 untsi/2¼ tassi tavalist jahu (universaalne)

10 ml/2 tl bikarbonaati (söögisoodat)

2,5 ml / ½ tl soola

5 ml/1 tl ingveripulbrit

5 ml/1 tl jahvatatud nelki

5 ml/1 tl jahvatatud kaneeli

50 g/2 untsi/¼ tassi granuleeritud suhkrut

Vahusta või või margariin, fariinsuhkur, melassi siirup ja muna omavahel kohevaks vahuks. Sega omavahel jahu, soodavesinikkarbonaat, sool ja maitseained. Sega võisegu hulka ja sõtku tihkeks tainaks. Katke ja laske 1 tund jahtuda.

Vormige tainast väikesed pallid ja veeretage neid granuleeritud suhkrus. Asetage need üksteisest hästi määritud ahjuplaadile ja piserdage veidi vett. Küpseta eelkuumutatud ahjus 190°C/375°F/gaas 5 juures 12 minutit, kuni see on kuldpruun ja krõbe.

Ingveri küpsised

Teeb 24

100 g/4 untsi/½ tassi võid või margariini

225 g / 8 untsi / 2 tassi isekerkivat (isekerkivat) jahu

5 ml/1 tl bikarbonaati (söögisoodat)

5 ml/1 tl ingveripulbrit

100 g/4 untsi/½ tassi (ülipeent) suhkrut

45 ml/3 spl kuldset (hele maisi) siirupit, soojendatud

Hõõru või või margariin jahu, soodavesinikkarbonaadi ja ingveri hulka. Sega juurde suhkur, sega juurde siirup ja sõtku tihkeks tainaks. Veereta kreeka pähkli suurused pallid, aseta need hästi üksteisest võiga määritud ahjuplaadile (küpsised) ja suru kahvliga kergelt lamedamaks. Küpseta küpsiseid (küpsiseid) eelkuumutatud ahjus 190°C/375°F/gaasimärgis 5 10 minutit.

Piparkoogimehed

Teeb umbes 16

350 g/12 untsi/3 tassi isekerkivat jahu

Näputäis soola

10 ml/2 tl ingveripulbrit

100 g / 4 untsi / 1/3 tassi kuldset (hele maisi) siirupit

75 g/3 untsi/1/3 tassi võid või margariini

25 g/1 untsi/2 supilusikatäit (ülipeent) tuhksuhkrut

1 muna, kergelt lahtiklopitud

Mõned sõstrad (valikuline)

Sega omavahel jahu, sool ja ingver. Sulata potis siirup, või või margariin ja suhkur. Lase veidi jahtuda, siis klopi muna kuivainete hulka ja sega tugevaks tainaks. Rulli kergelt jahusel pinnal 5 mm paksuseks ja lõika vormidega välja. Tehtav arv sõltub teie lõikurite suurusest. Aseta kergelt määritud küpsiseplaadile (küpsised) ja suru sõstrad õrnalt küpsistesse (küpsistesse) soovi korral silmade ja nööpide jaoks. Küpsetage eelkuumutatud ahjus temperatuuril 180°C/350°F/gaasimärk 4 15 minutit, kuni see on katsudes kuldpruun ja kõva.

Täisterast piparkoogid

Teeb 24

200 g/7 untsi/1¾ tassi täistera (täistera)jahu

10 ml/2 tl küpsetuspulbrit

10 ml/2 tl ingveripulbrit

100 g/4 untsi/½ tassi võid või margariini

50 g/2 untsi/¼ tassi pehmet pruuni suhkrut

60 ml/4 supilusikatäit selget mett

Sega jahu, küpsetuspulber ja ingver omavahel. Sulata või või margariin suhkru ja meega, sega kuivainete hulka ja sega tihkeks tainaks. Rulli jahusel pinnal lahti ja lõika biskviidilõikuriga ringid välja. Asetage võiga määritud küpsetusplaadile (küpsised) ja küpsetage eelkuumutatud ahjus 190°C/375°F/gaasimärk 5 12 minutit, kuni need on kuldpruunid ja krõbedad.

Ingveri ja riisi koogid

Teeb 12

225 g/8 untsi/2 tassi tavalist jahu (universaalne)

2,5 ml/½ tl jahvatatud muskaat

10 ml/2 tl ingveripulbrit

75 g/3 untsi/1/3 tassi võid või margariini

175 g/6 untsi/¾ tassi (ülipeent) suhkrut

1 muna, lahtiklopitud

5 ml/1 tl sidrunimahla

30 ml/2 spl jahvatatud riisi

Sega jahu ja maitseained, hõõru või või margariiniga, kuni segu meenutab riivsaia, seejärel sega juurde suhkur. Sega muna ja sidrunimahl tihkeks tainaks ning sõtku õrnalt ühtlaseks taignaks. Puista tööpind jahvatatud riisiga ja rulli tainas 1 cm paksuseks. Lõika biskviidilõikuriga 5 cm/2 suurusteks ringideks. Asetage rasvainega määritud küpsetusplaadile (küpsised) ja küpsetage eelkuumutatud ahjus 180°C/350°F/gaasitähis 4 20 minutit, kuni see on katsudes kõva.

Kuldsed küpsised

Teeb 36

75 g/3 untsi/1/3 tassi võid või margariini, pehmendatud

200 g/7 untsi skaneeringu kohta 1 tass (ülipeent) tuhksuhkrut

2 muna, kergelt lahtiklopitud

225 g/8 untsi/2 tassi tavalist jahu (universaalne)

10 ml/2 tl küpsetuspulbrit

5 ml/1 tl riivitud muskaatpähklit

Näputäis soola

Glasuuriks muna või piim

Piserdamiseks tuhksuhkur (ülipeen).

Vahusta või või margariin ja suhkur kreemjaks. Sega vähehaaval hulka munad, seejärel sega juurde jahu, küpsetuspulber, muskaatpähkel ja sool ning sega pehmeks tainaks. Katke ja laske 30 minutit puhata.

Rulli tainas kergelt jahusel tööpinnal umbes 5 mm paksuseks ja lõika sellest keeksivormiga ringid. Aseta võiga määritud ahjuplaadile, pintselda lahtiklopitud muna või piimaga ja puista üle suhkruga. Küpseta eelkuumutatud ahjus 200°C/400°F/gaasimärk 6 8-10 minutit, kuni see on kuldpruun.

Sarapuupähkli küpsised

Teeb 24

100 g/4 untsi/½ tassi võid või margariini, pehmendatud

50 g/2 untsi/¼ tassi (ülipeent) suhkrut

100 g / 4 untsi / 1 tass tavalist jahu (universaalne)

25 g/1 unts/¼ tassi jahvatatud sarapuupähkleid

Vahusta või või margariin ja suhkur heledaks ja kohevaks vahuks. Töötle järk-järgult jahu ja pähklitega, kuni saad tihke taigna. Veeretage väikesed pallid ja asetage need hästi üksteisest määritud ahjuplaadile (küpsised). Küpseta küpsiseid (küpsiseid) eelkuumutatud ahjus 180°C/350°F/gaasimärgis 4 20 minutit.

Krõmpsud sarapuupähkliküpsised

Teeb 40

100 g/4 untsi/½ tassi võid või margariini, pehmendatud

100 g/4 untsi/½ tassi (ülipeent) suhkrut

1 muna, lahtiklopitud

5 ml/1 tl vaniljeessentsi (ekstrakt)

175 g/6 untsi/1½ tassi universaalset jahu

50 g/2 untsi/½ tassi jahvatatud sarapuupähkleid

50 g/2 untsi/½ tassi sarapuupähkleid, hakitud

Vahusta või või margariin ja suhkur heledaks ja kohevaks vahuks. Löö vähehaaval sisse muna ja vaniljeessents, seejärel sega jahu, jahvatatud sarapuupähklid ja sarapuupähklid ning sõtku tainaks. Veereta palliks, mässi toidukilesse (kile) ja lase 1 tund jahtuda.

Rulli tainas 5 mm paksuseks ja lõika sellest keeksivormiga ringid. Laota rasvainega määritud küpsetusplaadile ja küpseta eelkuumutatud ahjus 200°C/400°F/gaasitähis 6 10 minutit, kuni need on kuldpruunid.

Sarapuupähkli ja mandli küpsised

Teeb 24

100 g/4 untsi/½ tassi võid või margariini, pehmendatud

75 g/3 untsi/½ tassi tuhksuhkrut (kondiitritooted), sõelutud

50 g/2 untsi/1/3 tassi jahvatatud sarapuupähkleid

50 g / 2 untsi / 1/3 tassi jahvatatud mandleid

100 g / 4 untsi / 1 tass tavalist jahu (universaalne)

5 ml/1 tl mandli essentsi (ekstrakt)

Näputäis soola

Vahusta või või margariin ja suhkur heledaks ja kohevaks vahuks. Sega ülejäänud ained tugevaks tainaks. Veereta palliks, kata toidukilega (kile) ja lase 30 minutit jahtuda.

Rulli tainas umbes 1 cm paksuseks ja lõika sellest keeksivormiga ringid. Asetage võiga määritud küpsetusplaadile (küpsised) ja küpsetage eelkuumutatud ahjus 180°C/350°F/gaasmärk 4 15 minutit, kuni need on kuldpruunid.

mee küpsised

Teeb 24

75 g/3 untsi/1/3 tassi võid või margariini

100 g / 4 untsi / 1/3 tassi komplekti mett

225 g / 8 untsi / 2 tassi täistera nisujahu

5 ml/1 tl küpsetuspulbrit

Näputäis soola

50 g/2 untsi/¼ tassi muscovado suhkrut

5 ml/1 tl jahvatatud kaneeli

1 muna, kergelt lahtiklopitud

Sulata või või margariin ja mesi segunemiseni. Sega juurde ülejäänud koostisosad. Lusikatäie seguga määritud küpsetusplaadile ja küpsetada eelkuumutatud ahjus temperatuuril 180°C/350°F/gaasmärk 4 15 minutit kuni kuldpruunini. Lase 5 minutit jahtuda, enne kui tõstad restile jahtuma.

Kallis Ratafias

Teeb 24

2 munavalget

100 g / 4 untsi / 1 tass jahvatatud mandleid

Paar tilka mandli essentsi (ekstrakt)

100 g / 4 untsi / 1/3 tassi selget mett

Riisipaber

Vahusta munavalged kõvaks vahuks. Sega ettevaatlikult sisse mandlid, mandlisesents ja mesi. Asetage lusikatäied segu paraja vahega riisipaberiga kaetud küpsetusplaatidele ja küpsetage eelkuumutatud ahjus temperatuuril 180 °C/350 °F/gaasimärk 4 15 minutit, kuni need on kuldpruunid. Lase veidi jahtuda ja rebi seejärel eemaldamiseks ümber paberi.

Mee- ja petipiimaküpsised

Teeb 12

50 g/2 untsi/¼ tassi võid või margariini

225 g / 8 untsi / 2 tassi isekerkivat (isekerkivat) jahu

175 ml/6 fl untsi/¾ tassi petipiima

45 ml/3 spl selget mett

Hõõru võid või margariini jahu hulka, kuni segu meenutab riivsaia. Sega hulka petipiim ja mesi ning sega tihkeks tainaks. Aseta kergelt jahuga ülepuistatud pinnale ja sõtku ühtlaseks, seejärel rulli 2 cm paksuseks ja lõika keeksivormiga 5 cm ringideks. Asetage võiga määritud küpsetusplaadile (küpsised) ja küpsetage eelkuumutatud ahjus temperatuuril 230°C/450°F/gaasimärk 8 10 minutit, kuni need on kuldpruunid.

Sidrunivõiküpsised

Teeb 20

100 g / 4 untsi / 1 tass jahvatatud riisi

100 g / 4 untsi / 1 tass tavalist jahu (universaalne)

75 g/3 untsi/1/3 tassi tuhksuhkrut (ülipeent).

Näputäis soola

2,5 ml/½ tl küpsetuspulbrit

100 g/4 untsi/½ tassi võid või margariini

1 sidruni riivitud koor

1 muna, lahtiklopitud

Sega jahvatatud riis, jahu, suhkur, sool ja küpsetuspulber. Hõõruge võiga, kuni segu meenutab riivsaia. Sega juurde sidrunikoor ja sega piisavalt munaga, et moodustuks tihke tainas. Sõtku õrnalt, rulli jahusel tööpinnal lahti ja lõika keeksivormiga vormi. Asetage võiga määritud küpsetusplaadile (küpsised) ja küpsetage eelkuumutatud ahjus 180°C/350°F/gaasimärgis 4. Laske plaadil veidi jahtuda, seejärel tõstke restile täielikult jahtuma.

sidruni küpsised

Teeb 24

100 g/4 untsi/½ tassi võid või margariini

100 g/4 untsi/½ tassi (ülipeent) suhkrut

1 muna, kergelt lahtiklopitud

225 g/8 untsi/2 tassi tavalist jahu (universaalne)

5 ml/1 tl küpsetuspulbrit

½ sidruni riivitud koor

5 ml/1 tl sidrunimahla

30 ml/2 spl demerara suhkrut

Sulata või või margariin ja tuhksuhkur tasasel tulel pidevalt segades, kuni segu hakkab paksenema. Tõsta tulelt ja sega hulka muna, jahu, küpsetuspulber, sidrunikoor ja mahl ning sega taignaks. Kata ja lase 30 minutit jahtuda.

Vormi tainast väikesed pallid ja aseta võiga määritud ahjuplaadile (küpsised) ja suru kahvliga lapikuks. Puista üle demerara suhkruga. Küpseta eelkuumutatud ahjus 180°C/350°F/gaasimärgis 4 15 minutit.

Sulamise hetked

Teeb 16

100 g/4 untsi/½ tassi võid või margariini, pehmendatud

75 g/3 untsi/1/3 tassi tuhksuhkrut (ülipeent).

1 muna, lahtiklopitud

150 g/5 untsi/1¼ tassi tavalist jahu (üldotstarbeline)

10 ml/2 tl küpsetuspulbrit

Näputäis soola

8 glaseeritud (suhkrustatud) kirsi, poolitatud

Vahusta või või margariin ja suhkur heledaks ja kohevaks vahuks. Klopi sisse järk-järgult muna, seejärel sega hulka jahu, küpsetuspulber ja sool. Sõtku õrnalt ühtlaseks tainaks. Vormi tainast 16 ühesuurust palli ja aseta need hästi üksteisest lahus määritud ahjuplaadile (küpsised). Tasandage veidi ja asetage igale poole pool kirsi. Küpseta eelkuumutatud ahjus 180°C/350°F/gaasimärgis 4 15 minutit. Lase plaadil 5 minutit jahtuda, seejärel tõsta restile jahtuma.

Müsli küpsised

Teeb 24

100 g/4 untsi/½ tassi võid või margariini

100 g / 4 untsi / 1/3 tassi selget mett

75 g/3 untsi/1/3 tassi pehmet pruuni suhkrut

100 g / 4 untsi / 1 tass täistera (täistera)jahu

100 g/4 untsi/1 tass valtsitud kaerahelbeid

50 g/2 untsi/1/3 tassi rosinaid

50 g/2 untsi/1/3 tassi sultanaid (kuldseid rosinaid)

50 g/2 untsi/1/3 tassi kivideta datleid, tükeldatud

50 g/2 untsi/1/3 tassi toiduvalmis kuivatatud aprikoose, tükeldatud

25 g/1 unts/¼ tassi kreeka pähkleid, hakitud

25 g/1 unts/¼ tassi sarapuupähkleid, hakitud

Sulata või või margariin mee ja suhkruga. Sega hulka ülejäänud ained ja sega tugevaks tainaks. Aseta teelusikakesed võiga määritud ahjuplaadile (küpsised) ja suru lamedaks. Küpseta küpsiseid (küpsiseid) eelkuumutatud ahjus temperatuuril 180°C/350°F/gaasimärk 4 20 minutit, kuni need on kuldpruunid.

Pähkli küpsised

Teeb 24

350 g/12 untsi/1½ tassi võid või margariini, pehmendatud

350 g/12 untsi/1½ tassi (ülipeent) tuhksuhkrut

5 ml/1 tl vaniljeessentsi (ekstrakt)

350 g/12 untsi/3 tassi universaalset jahu

5 ml/1 tl bikarbonaati (söögisoodat)

100 g/4 untsi/1 tass hakitud segatud pähkleid

Vahusta või või margariin ja suhkur heledaks ja kohevaks vahuks. Segage ülejäänud koostisosad ja segage, kuni see on hästi segunenud. Vormige kaks pikka rulli, katke ja jahutage 30 minutit, kuni see on kõva.

Lõika rullid 5 mm/¼ viiludeks ja aseta võiga määritud ahjuplaadile (küpsised). Küpseta küpsiseid (küpsiseid) eelkuumutatud ahjus temperatuuril 180°C/350°F/gaasimärk 4 10 minutit, kuni need on kergelt pruunid.

Krõmpsuvad pähkliküpsised

Teeb 30

100 g/4 untsi/½ tassi pehmet pruuni suhkrut

1 muna, lahtiklopitud

5 ml/1 tl vaniljeessentsi (ekstrakt)

45 ml/3 spl jahu (universaalne)

100 g/4 untsi/1 tass hakitud segatud pähkleid

Vahusta suhkur muna ja vaniljeessentsiga ning sega hulka jahu ja pähklid. Tõsta väikesed lusikad võiga määritud ja jahuga ülepuistatud ahjuplaadile (küpsised) ning lameda kahvliga veidi. Küpseta küpsiseid (küpsiseid) eelkuumutatud ahjus 190°C/375°F/gaasimärgis 5 10 minutit.

Krõmpsuvad kaneelipähkliküpsised

Teeb 24

100 g/4 untsi/½ tassi võid või margariini, pehmendatud

100 g/4 untsi/½ tassi (ülipeent) suhkrut

1 muna, kergelt lahtiklopitud

2,5 ml/½ tl vaniljeessentsi (ekstrakt)

175 g/6 untsi/1½ tassi universaalset jahu

2,5 ml/½ tl jahvatatud kaneeli

2,5 ml/½ tl bikarbonaati (söögisoodat)

100 g/4 untsi/1 tass hakitud segatud pähkleid

Vahusta või või margariin ja suhkur kreemjaks. Segage järk-järgult 60 ml/4 spl muna ja vanilli essentsi. Sega hulka jahu, kaneel, soodavesinikkarbonaat ja pool pähklitest. Suru rasvainega määritud ja vooderdatud Šveitsi rullvormi (želeerulli pann). Pintselda ülejäänud munaga ja puista peale ülejäänud pähklid ning suru õrnalt peale. Küpseta küpsiseid (küpsiseid) eelkuumutatud ahjus temperatuuril 180°C/350°F/gaasimärk 4 20 minutit, kuni need on kuldpruunid. Lase enne batoonideks lõikamist vormis jahtuda.

Kaerad sõrmed

Teeb 24

200 g/7 untsi/1¾ tassi kaerahelbeid

75 g/3 untsi/¾ tassi tavalist jahu (universaalne)

5 ml/1 tl küpsetuspulbrit

50 g/2 untsi/¼ tassi võid või margariini, sulatatud

Keev vesi

Sega omavahel kaer, jahu ja küpsetuspulber ning sega hulka sulatatud või või margariin ja nii palju keeduvett, et moodustuks pehme tainas. Sõtku kergelt jahusel pinnal kõvaks, seejärel rulli lahti ja lõika näppudeks. Asetage rasvainega määritud ahjuplaadile (küpsised) ja küpsetage eelkuumutatud ahjus 190°C/375°F/gaasimärk 5 10 minutit, kuni need on kuldpruunid.

CPSIA information can be obtained
at www.ICGtesting.com
Printed in the USA
LVHW081152210223
739960LV00017B/1326

9 781837 528950